영혼의 목소리
차길진 • 저

제6권

추천사

종교적인 삶의 인생 — 차길진 법사

김 동 선
(전 시사저널 편집국장)

내가 차길진법사를 처음 만난 것은 1990년 3월이었다. 술자리였는데, 그날 작가, 재미언론인 등 5, 6명이 함께 어울렸던 것으로 기억된다.

이 자리에서 누군가가 나를 차길진법사에게 소개하자 그는 나에게 '심장 나쁘신 분이 냉탕, 온탕을 왜 열심히 하십니까. 이제 하지 마세요'하며 몇마디 획 던졌다.

나는 이 말에 아연했다. 이유인즉, 나는 그즈음 고질적인 신경통때문에 일찍 출근하여 회사 부근 목욕탕에서 냉탕, 온탕하는 것을 일과로 삼고 있었기 때문이다.

또 당시 내 심장은 전문의로부터 조심해야 된다는 충고를 받고 있던 중이었다. 그런데, 처음 만난 사람이 얼굴 한번 보고 냉탕, 온탕 열심히 하는 것을 중지하라니 놀라지 않을 수 없었던 것이다.

나는 속으로 아, 초능력이라는게 바로 이런 거로구나 하고 감탄했었다.

그날 이후 차길진법사와 나는 출생지가 같다는 사실(전북 정읍) 때문에 대단히 가까워졌다. 말하자면, 이것은 지연인 셈

추천사

인데, 지연이 같다보니 그의 집안과 우리 집안은 또 다른 인연이 있었다는 사실을 서로 알게 되어 우리는 금방 친숙해진 것이다.

그런데, 우리의 친교는 참으로 짧은 연륜인데, 만나면 만날수록 나는 그의 다양한 모습을 발견하며 놀랍게 된다. 그는 불법을 설파하는 법사이면서 인간과 세계에 대한 무서운 투시력을 지녔고, 현대사의 은폐된 사료를 발굴해 내는 사료수집가이며, 왕성한 저술 활동을 계속하는 문필가이기도 하다.

또한 그의 외모에서 풍기는 인상도 다채롭다. 종교가다운 근엄함이 있는가 하면, 웃을 때는 순진무구한 소년 같다. 그럼에도 불구하고 가끔 무섭게 빛나는 눈초리는 그가 예사로운 사람이 아니라는 걸 느끼게 한다.

얼마전 뉴욕을 방문했을 때 나는 뉴저지에 위치한 그의 후암정사에서 잠시 기거했는데, 그때 보니까 그의 수면시간은 하루에 2시간 정도밖에 안되는 것 같았다. 그러면서도 그는 낮에 남보다 더 바쁘게 활동하는 것이었다. 종교적인 힘인지, 아니면 그렇게 태어났는지 좌우지간 그는 초인적인 면모를 지니고 있었다.

나는 그의 가계(家系)에 대해서도 깊은 관심을 가지고 있다. 그의 증조부, 조부, 부친 등은 각각 독특한 삶을 산 우리 근대사의 산표본이며, 특히 그의 조부와 우리 선대의 가문과는 이

추천사

상한 인연이 맞닿은 흔적이 발견됨으로써 우리가 만나 애기꽃을 피우면 결국 애기의 줄기는 한 많고 바람 많고 피비린내 나는 우리 현대사의 본류에 다다르게 된다.

나는 그의 종교 입문이 우연이 아니고 필연이라는 생각이 들게 한다. 인간 차길진이 이 세상에 태어나면서 필연적으로 선택할 수 밖에 없었던 운명적 요소가 그의 가문의 풍운, 역사에서 발견되는 것이다.

그는 그 자신만을 위해 살 수 없는 숙명을 안고 태어난 셈이다.

그는 종교 지도자이기 보다는 너무나 종교적인 사람이다. 종교는 직업이 아니고 삶, 아니 삶의 과정이기에 더욱 그렇다. 미국 뉴저지에 후암정사를 세우고 경주마처럼 앞만 보고 살아왔기 때문에 정신적 공허감에 빠져 있는 교민들을 위해 명상과 자기 철학과 자연이 접목되는 동호인 모임 형태의 생활불교를 실천하고 있는 것도 그의 독특한 면모이다.

김 동 선

차길진—그는 누구인가?

신 호 균
(전 MBC—TV제작국PD)

그는 스스로를 아주 평범한 사람이라고 말한다.

그렇다. 두툼한 몸집에 미륵불을 연상케 하는 넓적한 얼굴, 그리고 싱겁게 느껴질 만큼 잘 웃는 그의 모습은 일견 무색무구(無色無垢)의 평범한 사람으로 보이게도 한다.

하지만 그는 결코 평범한 사람은 아니다. 조금만 자세히 관찰해 보면 그는 결코 본인이 주장하듯 그렇게 평범한 사람만은 아님을 금방 알 수 있다.

우선 하는 일만 보아도 그렇다. 그는 대한불교조계종 포교사 '차법사'로 더 유명하며, 토요신문의 비상임 편집위원이기도 하고, 재야(在野) 사학자이기도 하며, 저술가이기도 하다. 또 그는 이따금 초월적인 능력을 발휘하여 주변을 놀라게도 한다.

어느 사람의 과거나 미래를 손금보듯 알아맞추고, 그가 처한 상황을 감시나 했던 듯 읽어 낸다든가 하는 투시력이나, 어떤 사회현상 내지 사태를 예견해 낸다든지 하는 예언자적 능력도 그렇고 불치의 암에 걸린 사람을 고쳐냈다거나 돌(石)에 손자욱을 내게 한다든지 하는 특출한 염력(念力) 또한 그러하다.

그러나 그를 '범상치 않은' 사람이라 표현함은 단순히 이러한 초능력 때문만은 아니다. 사람들에 대한 깊은 인간애, 이로부터 출발한 역사와 사회에 대한 관심과 통찰력, 그리고 미래를 위해 이를 구체적으로 현실에 투영시키고자 쏟아넣는 온갖 정열과 헌신적 노력, 이러한 요소들이야말로 그를 범상치 않은 사람으로 평가하게 하는 판단 근거라 함이 옳을 것이다.
　그러면 차길진 법사의 역사와 사회에 대한 관심은 어디로부터 기원하는 것인가? 그는 우리의 역사와 사회의 본질을 '비원'의 구조로 파악한다. 우리의 역사는 원으로 뭉쳐져 한을 잉태하고 그 한은 또 다른 한을 낳아 비원의 덩어리가 되어 우리를 짓누르고 있다고 분석하는 것이다.
　이러한 비원으로 인해 우리 사회는 사랑과 평화, 생기를 잃고 미움과 싸움이 악순환하는 소용돌이로부터 헤어나지 못하고 있다고 그는 인식한다. 그러면 이 '비원'의 원인은 무엇인가? 어디로부터 생겨난 것인가? 그것은 바로 참담함, 아직도 얽혀져 있는 과거의 격동의 근대사 동학, 일제 식민지하의 수난에서다.
　해방 전후로부터 6·25에 이르기까지의 민족 갈등을 거치는 와중에서 억울하게 숨져 간 수많은 사람들. 무엇 때문인지도 모른채 비참하게 죽어간 이들의 혼령을 자신들의 억울한 죽음으로 인해 구천을 떠도는 원령이 되어 한의 악순환을 야기시킨다는 것이다.
　사회 곳곳에, 그리고 수많은 가정과 개인 개인의 가슴에 자리잡고 있는 갖가지의 '비원'. 바로 이 비원이 풀어져야만 그것이 혼령이든 사람이든 우리를 얽매고 있는 매듭은 없어진다는 것이다.

　그러면 어떻게 해원은 가능한가? 그것은 이들에 대한 각별한 관심과 따뜻한 애정에 의해 비로소 해결된다고 그는 믿는다. 그는 이를 위해 그의 젊은 시절 전부를 투자했다.

　서울 석촌호수 옆에 위치한 '월인정사'에서 수많은 혼령들의 해원을 위해 기도·구명시식을 하며 온 정성을 쏟아 부었다. 그 주장의 타당성 여부는 상당히 수긍이 가는 덕목이다.

　그런데 그의 이러한 '해원'에의 믿음과 의지는 무엇으로 출발할까? 이에 대한 대답은 그의 아버지 '차일혁'총경으로부터라고 해야 함이 옳을 것이다.

　6·25를 전후하여 빨치산 토벌대장으로 이름을 날리던 —차일혁총경—

　근간 빨치산 신드롬을 창출한 많은 빨치산 문학작품들, 이처럼 폭발적인 인기를 누렸던 빨치산 작품에 자료를 제공한 사람이 차길진씨이고, 이 자료의 작성자가 바로 '차일혁총경'이었다는 사실을 아는 사람은 드물 것이다.

　제 18 전투경찰대 대장으로 빨치산 토벌에 혁혁한 공을 세웠던 차일혁총경— 하지만 그는 11살난 자신의 아들(차길진)이 보는 앞에서 의문의 죽음을 맞이했다.

　그것은 어린 차길진으로선 감당하기 힘든 너무나 충격적 사건이었을 것이다. 아버지의 죽음은 그의 가슴속에 응어리지고, 그로 인해 20대 젊은 나이에 그는 불치병에 걸려 죽음에까지 직면한다. 하지만 그는 기적적으로 살아났다[그는 이를 불법의 힘으로 돌린다].

이를 계기로 종교에 귀의함과 함께 아버지의 죽음의 이해에 전착한다.

'왜' 아버지는 의문의 죽음을 맞이하였을까?

'왜' 아버지는 어린 아들에게 그리도 참혹한 체험을 강요했을까?

이 '왜'야말로 그가 풀어야 할 과제였다. 바로 '화두'였다. 그는 아버지 '차일혁총경'의 의문의 죽음을 둘러싼 모든 것을 파헤쳐 가면서 수많은 비원의 역사적 원인을 깨달아 간다.

―새벽부터 들판에서 일하는 농부들에게 물어보라. 공산주의가 무엇이며, 민주주의가 무엇이냐고 과연 몇 사람이 이를 알겠는가? 지리산에서 사라져 간 수많은 군경과 빨치산들에게 물어보라. 너희들은 왜 죽었느냐고. 민주주의를 위해서, 혹은 공산주의를 위해서 죽었다고 자신있게 대답할 자 몇이나 되겠는가?

차일혁총경이 남긴 말이다. 그는 아버지의 이러한 말을 이해하면서 왜곡되고 굴절된 우리 역사의 오류가 자신의 할아버지, 그리고 증조부대까지 거슬로 올라가 단단한 연결고리를 갖고 있음을 파악한다. 그의 증조부는 동학의 선봉장이었다. 수많은 희생자를 낸 동학의 마지막 싸움 '우금치전투'에서 포로가 된 증조부는 화형을 당한다. '척왜양창외'를 외치며 조선의 등불이고자 했던 동학에 몸을 던진 증조부는 그러한 고통 속에 숨져 갔다.

또한 그의 조부는 특이하게도 토속적 종교에 심취한 분이었다. 그의 조부 또한 일제 식민지하의 왜곡된 구조속에서 혼돈된 삶을 살아야만 했는데, 그 와중에서 내 던져지듯 '차일혁', 차길진씨는 자기 가족사의 참담함을 이해하면서 우리 근대사를 비로소 이해하게 된다. '왜'의 해답을 확실하게 찾은 것이다.

그러면서 그는 이 파란의 역사 속에서 억울하게 죽어간 수많은 사람들에 대해 애정을 갖게 되고, 이 원령들의 위무를 위한 기도—구명시식—을 시작한다.

자신의 특수한 능력으로 굴절된 역사를 바로잡고 사회의 혼돈을 정제하는데 투입하기 시작한 것이다. 그의 모든 사회활동은 이를 축으로 이해하면 쉽게 풀린다. 한마디로 '초능력의 사회화'라고 할까? 그는 지금 뉴욕에 가 있다. 하지만 그는 수시로 서울을 오고가면서 과거의 해원뿐만 아니라 '바로 된'미래를 위해 밤낮없이 뛴다.

100년 전 한반도를 둘러싼 상황과 현재의 한반도 상황이 상당 부분 흡사함을 지적하면서 역사의 그릇된 반복을 막고자 수많은 사람을 만나고 또 생각한다. 그의 계속된 정진과 건투를 빈다.

신 호 균

머 리 말

'알고 있는 것을 안다고 주장하는 사람은 진정으로 아는 것이 아니다'라는 역설이 있다.

어느 누구는 나를 일컬어 영혼의 세계에 깊이 접해 있는 사람이라 말하지만 솔직하게 말해서 나는 영혼의 세계의 본질에 대해서 그런 말을 들을 수 있는 입장은 아니다. 그러나 내가 말할 수 있는 단 한가지 진실은 바로 인간은 '영과 육의 집합체'라는 것이다.

나는 영혼의 세계를 지식을 통해서 또는 어느 누구의 가르침을 받아서 접근한 것이 아니라 태어날 때부터 나는 남과 다른 특이한 체험을 했고, 영혼의 실재를 볼 수 있었다. 그러나 나의 영혼 탐구에서 가장 중요한 전기는 나의 아버님의 의문의 죽음에서 비롯된다.

아버님께서 돌아가신 공주 금강가에서 넋을 건지는 진혼제를 지낸 그때부터 현재까지 아버님을 비롯한 수많은 영혼들과 만나 대화를 나누고 있다.

억울한 일을 당했을 때는 따뜻한 손길로 어루만져 주었으며 불의(不義)한 일을 하려고 할 때는 아버님의 꾸짖음이 들려왔다.

나는 남과 다르게 영성의 세계를 직접 접하며 살아왔고, 한 때는 아버님의 잔영을 떨쳐버리기 위해 방황하기도 했다.
그러는 동안 수많은 고승대덕들과 친근하면서 내가 갖고 있는 영혼의 세계에 대해 묻기도 하고 현상적인 삶, 안락한 삶만을 추구하려는 자신의 비루함에 해결책을 통해서, 결국 나자신 불가(佛家)에의 입문을 통해 내가 가지고 있는 영혼의 세계를 종교적으로 승화시키게 되었으며, 그 후 나는 오히려 내가 가지고 있는 영혼의 세계가 내 인생의 모체이며, 본질임을 비로소 깨닫게 되었다.
불가(佛家)에 입문한 후, 아버님에 대한 천도의식을 할때 나는 수많은 빨치산들의 영혼을 만났으며 아버님의 죽음과 천도는 결국 허상적인 이데올로기의 갈등으로 인한 한풀이에 억울한 죽음을 강요당한 숱한 사람들의 영혼과 밀접한 관계가 있는 것을 알게 되었고, 나아가서는 우리 민족의 한 많은 근대사를 몸소 접할 수 있었다.
현재 내가 종교의 사제로서 천도의 일에 몰두하게 된 것도 모두 나의 지식과 의지보다는 끈끈하고 깊은 인연의 뿌리 때문이라고 느끼고 있다.
일반적으로 영의 세계, 영의 작용에 대해 얘기하면 '신들린 사람' 혹은 '무당'하면서 천대하는 경향이 있다. 그러나 무당의 '坐'자는 하늘과 땅을 연결하는 사람이란 뜻을 가진 문자로서 현상적인 삶과 평면적인 삶을 살아가는 사람들에게 분명 존재하는 영의 세계, 곧 일체적인 세계와 본질적인 삶을 가르쳐 주는 정신의 스승이라는 뜻을 가지고 있는 것이다.

나는 불가의 사제로서 종교에 몸을 담고 있으나 솔직히 말해 아직까지 무엇이 정법(正法)인줄 모르고 있다. 그러나 내가 생각하는 정법은 사람들을 편하고 자유롭게 안심시켜 주는 것이라 믿는다.

설사 일반인들이 천대하는 무당이라 할지라도 사람을 편하게 해주고 자유롭게 해주며 맺혀 있는 응어리를 풀어준다면 그도 역시 정법을 행하는 자라고 볼 수 있다.

나의 영혼의 세계는 심령학의 공부로 얻은 것은 아니다. 또한 오늘 내가 가지고 있는 능력과 영성이 오늘, 내일, 1년, 2년 계속 지속된다고 확신할 수도 없다. 그것은 영혼의 세계를 접하면서 죽은 자의 동심의 세계를 통하지 않고는 다가갈 수 없다.

그 어린아이의 마음이 과연 영원히 지속될지 나 자신 장담할 수 없다.

그러나 내가 영의 세계를 접하면서 알게 된 놀라운 사실은 사람이 죽어서 짐승이 된 영혼은 아직 한번도 만나보지 못했다는 것이다.

짐승의 영혼이 살아있는 사람에게 빙의된 것은 본 적이 있다.

그러나 사람은 사람으로, 짐승은 짐승으로 유전하고 있으며, 특히 인간은 다른 유기체의 영혼과 달리 특유의 영혼을 갖고 있다는 사실을 발견할 수 있었다.

나는 지금 내가 알고 있는, 내가 겪는 영혼의 실재와 본질 등에 대해 밝히지 못하는 것이 많다.

전투를 많이 치룬 퇴역군인은 전쟁에 대한 얘기를 정작 잘 못하고 오히려 짧은 기간 군에 복무하거나 전투를 해 본적이 없는 사람들이 전투에 관해 더욱 실감나게 얘기하는 것을 나는 종종 보아 왔다.

꼭 이 경우라고는 할 수 없으나, 나 역시 이곳에서 밝히기를 망설이는 영의 세계가 많다. 만일 밝힌다면 과연 내 말을 믿어 줄지? 아니 그 보다는 어떠한 형태의 작용으로 나타날지 두렵기 때문이다.

여기서 자신있게 말할 수 있는 것은 영혼의 세계에서 현실의 죄인이 꼭 적용된다는 법은 없다. 왜냐하면 그러한 사건이 일어나는 것은 전생(前生)에서 서로의 인과법칙에 의해 이루어지기 때문에 어느 누구를 말할 수 없다는 뜻이다.

이 분야는 나 이외의 다른 영성을 가지고 있으며, 끈기와 신념, 도덕성으로 무장된 사람들, 특히 종교인이 계속 이 분야에 정진하시면 언젠가는 밝혀지리라 믿는다.

이곳 미국의 뉴저지 후암정사 조그마한 토굴 부근에도 단풍이 물들고 있다. 늦가을의 소식을 알리는 바람이 여기 뉴저지 평원에도 불어오고 있는 가을 창천(蒼天)이 가슴을 열고 있다.

내가 영혼의 세계를 느끼고 깨닫는 것은 인간의 존재, 영혼의 가치가 너무나 귀중하다는 것을 알기 때문이다.

이 책에 나온 여러 글들은 한국과 미국의 저널들에 실린 칼럼들이다. 또한 평소 가까이 하고 있는 분들이 나에 대해 써준 글들이며, 신문에 정기적으로 연재되었던 글들이다.

귀한 인연을 맺게 해준 서음미디어 사장님을 비롯하여 모든 분들과 후암정사의 모든 식구들, 그리고 나의 영성에 힘을 주시는 모든 분들께 깊은 감사를 드린다.

2007년 3월
미국 뉴저지 후암정사에서
차길진 합장

차 례

종교적인 삶의 인생—차길진 법사 ─── 3
차길진—그는 누구인가? ─── 6

제1부 영혼의 목소리

조상 위로하는 구명시식(救命施食) ─── 25
원혼, 영매를 통해 천도 ─── 28
행불자 사망인줄 알고 천도식 ─── 31
'아랑'의 전설 ─── 34
당신의 전생(前生)은 누구인가? ─── 36
입시철에 생각하는 사람들 ─── 39
전화 한 통화 ─── 42
최후와 최초의 생각 ─── 44
13년만의 해후 ─── 47
자살과 영혼 ─── 50
'영혼의 텃밭' 가꾸기 ─── 53
전생(前生)과 내생(來生)의 비밀 ─── 56
영혼의 맺음 ─── 59
'기적'에 대한 해석 ─── 62
소녀의 슬픈 눈 ─── 64
미신과 영혼 ─── 66

차 례

알 수 없는 세계 ———————————— 69
3월에 생각나는 사람 ————————— 71
스스로 돕는 자 ——————————— 73
영혼의 화해 ————————————— 75
5년전, 3월의 일 ——————————— 78
영계(靈界)의 도움 —————————— 81
영혼의 모습 ————————————— 83
보이지 않는 끈 ——————————— 85
뉴욕에서 —————————————— 87
방황하는 영혼 ———————————— 89
'집터'에 얽힌 이야기 ————————— 92
영혼의 미아 ————————————— 95
'운명'의 신비 ———————————— 97
유토피아 —————————————— 100
'가마골'의 영혼들 —————————— 102
영혼과의 대화 ———————————— 104
6년만의 해후 ———————————— 106
죽는 현상(1) ———————————— 108
죽는 현상(2) ———————————— 111
죽는 현상(3) ———————————— 113
죽는 현상(4) ———————————— 115

차 례

죽는 현상(5) ——————————— 117
죽는 현상(6) ——————————— 120
믿음의 비밀 ———————————— 122
인디언의 눈물 ——————————— 125
전생과 이승의 고뇌 ————————— 127
영혼의 등불 ———————————— 129
'참자유'의 세계 —————————— 131
뉴저지의 무궁화 —————————— 133
이국(異國)에서의 첫 구명시식 ———— 135
맨하턴의 빗방울 —————————— 137
영혼의 들고 남 —————————— 139
영혼과의 공생 —————————— 142

제2부 영혼과의 공존

전생(前生)의 비밀 ————————— 147
태아의 고통 ———————————— 150
'찰나도 영원' ——————————— 152
사약(死藥)을 마시며 ———————— 155
선친의 모습 ———————————— 157
어쩔 수 없는 길 —————————— 159

차 례

마애불상의 비밀 —————————— 162
운명을 받아들이는 법 ————————— 164
영혼의 영생 ——————————— 167
'지장보살'의 원력 ————————— 171
과학과 영의 세계 ————————— 175
영혼과 우주의 시스템 ———————— 179
나성에 있는 '요가난다'의 애쉬람 ————— 203
일체 중생은 평등 ————————— 207
유한한 인간의 생명 ————————— 210
윤회의 덫 ——————————— 213
인간의 소유욕 —————————— 216
현세는 내세의 열쇠 ————————— 220
생명의 소중한 가치 ————————— 224
인연의 의미 —————————— 227
영혼의 평화 —————————— 231
전삼삼 후삼삼(前三三 後三三) ————— 234
인간관계 ——————————— 237
윤회의 바다 —————————— 241
내 생명은 조상 삶의 연속 ——————— 245
내리는 눈발속에 의연히 서있는 소나무 ——— 248
사제의 기본자세 ————————— 252

차 례

우리의 삶을 되돌아 보아야… ──────── 256
미래 세계는 질에 의해 판가름된다 ──────── 259
미국의 인과응보 ──────── 263
현대 시민의 위상 ──────── 267
후암정사의 첫 구명시식 ──────── 271
불자(佛子)를 위해 제도개선 필요 ──────── 275
인간 존엄성 찾기 ──────── 279
지옥과 천국은 어디에 있는가? ──────── 283
뉴저지의 겨울(동안거) ──────── 287
불교의 현실화 추구 ──────── 291
일체중생은 평등 ──────── 294
바보 철학 ──────── 297
한많은 영혼 ──────── 300
종교의 진정한 가치는? ──────── 303
소년의 웃음 ──────── 306
8정도(政道)의 참뜻 ──────── 309

제 *1* 부
영혼의 목소리

제1부
영혼의 문소리

조상 위로하는 구명시식(救命施食)

영혼의 존재 유무를 따진다는 것은 이미 고루한 일이 되어버렸다. 과학적 규명이 상당히 진행되어 이를 응용하는 단계에까지 와 있기 때문이다.

지난 10월 초 대전에서 모 출판사 교정 직원으로 일한다는 류모씨(56세)가 찾아 왔다. 로스엔젤레스로 이민을 가고자 하는데 그 일로 의논을 하러 온 것이다.

류씨는 한때 온천으로 유명한 유성에서 유지로 행세하며 살았으나 가세가 기울면서 소유하고 있던 2백만 평의 땅도 모두 팔고 현재는 셋방살이를 하는 형편이었다.

그가 소유했던 부동산은 류씨가 양자로 간 집안 것으로 막판에는 양모(養母)의 선산까지고 팔아치우기에 이르렀다.

선량해 뵈는 류씨를 대하는 순간 아직도 그에게 운세가 남아 있음을 알 수 있었다. 그래서 그가 가난에 찌들게 된 원인을 캐보기 위해 구명시식[救命施食, 救病施食과 같은 뜻으로써 병자를 위하여 귀신에게 먹을 것을 주고 법문을 알려주는 불교의식의 하나임]을 하기로 했다.

구명시식은 류씨 조상들의 영혼을 불러 내 잔칫상을 차려 위로하는 불가(佛家)의 전통 의식중의 하나이다.

의식이 시작되자 이내 류씨의 양모의 영혼이 나타나 눈물어린 참회를 흔쾌히 받아들이고 '당숙을 찾아가라'고 일러 주었다.

오랫동안 소식을 끊고 지내던 당숙을 찾아갔을 때 그동안 류씨의 소재를 알지 못해 당숙이 대신 관리해 온 부동산의 내력을 설명하면서 소유권을 돌려주는게 아닌가.

그뿐 아니라 소유자 부재로 되어 있던 둔산 지구에 위치한 땅도 찾게 되었다.

그동안 살기에 바빠 양부모의 제사 한번 변변히 지내지 못했던 류씨는 구명시식을 통해 죄(?)를 용서받고 뜻밖의 횡재를 한 셈이다.

흔한 말로 '귀신은 공짜밥을 안먹는다'는 얘기가 실감이 나는 일이었다.

부모는 물론 조상을 잘 섬기는 것이 인간의 도리이며, 발복(發福)의 근원이 된다는 것을 일깨워 주는 본보기이기도 하다.

류씨의 경우를 우연의 일치라고 일축할 수도 있다. 그러나 조상을 잘 받들어야 자손이 번성한다는 것은 예로부터 천리(天理)로 여겨 왔다.

조상을 섬기는 미풍양속을 으뜸으로 꼽으면서도 정작 이를 과학적으로 규명하려는 노력은 없었으며 오히려 금기시해 온 형편이다.

영혼에 의해 일어나는 심령현상을 과학적 규명을 통해 응용하는 심령학은 이미 일반화 되고 있는 추세이다.

  외국의 경우 스웨덴의 임마뉴엘 스웨덴보그, 독일의 안톤 메스멜, 미국의 앤드류 데이비스, 그리고 레이든 부인 등은 깊이 있는 연구로 폭넓은 지지를 받고 있으며 이미 1851년에는 캠브리지대학 안에 망령학회가 생겼고, 뒤이어 옥스퍼드대학에 현상학회가 발족돼 심령과학이 발전돼 오고 있다.

  조상들의 생애를 조사해 보면 그 자손들의 행·불행에 인과 법칙이 엄밀하게 작용되는 것을 알 수 있다.

  인간은 영계에서도 영원히 진보향상을 하는 운명을 지니고 있으며 따라서 현실과 영계 사이의 교신을 통해 영혼 구제에 힘쓸때 인과법칙까지도 조절할 수 있음이 밝혀지고 있다.

  류씨 조상의 영혼과의 대화를 통해 이루어진 일들이 이를 증명해 준다고 하겠다. 타계한 조상을 잘 모시는 것도 중요하지만 살아계시는 부모를 잘 모시는 것은 더욱 중요한 일이다.

원혼, 영매를 통해 천도

영혼의 실체를 입증한 예는 그동안 얼마든지 있었다.
간단한 실험을 통해서 또는 직접 체험을 한 사람들의 경험담을 통해서 영혼의 실체를 입증했던 것이다.
그러나 풀리지 않는 수수께끼인양 영혼의 실체를 쉽게 인정하지 않기는 동양이나 서양이나 마찬가지다. 그 까닭은 무엇일까. 해답은 간단하다. 과학으로 해명되지 않는다는 이유 때문이다.
과학의 한계를 지적하고 영혼의 세계를 주장하는 이들을 이상한 눈으로 보거나 잡신에 들씌운 사람 정도로 매도하는 예가 허다한 것도 현실이다. 그러나 분명한 것은 영혼의 세계는 부정할래야 부정할 수 없는 '현실'임을 앞서의 지적대로 하나씩 증명되고 있다는 것이다.
그런가 하면 영과의 만남, 영과의 대화를 통해 길흉화복을 점치고 큰일을 도모한 사례 역시 고금(古今)을 통해 얼마든지 있어 왔다.
영 가운데는 자손이나 한 집안에 이로운 영향을 끼치는 경우도 있었으나 반대로 사사건건 해로운 영향을 끼치는 예도 허다 하다는 것이 영의 세계를 헤아리는 사람들의 일반적인 견해이 다.

영의 특징 가운데 하나는 영 자체가 원하는 곳으로 갈 수 없 다는 것이다. 물론 모든 영혼이 구천에서 떠도는 것은 아니며 억울한 죽음이나 죽임을 당한 사람의 영은 흔히 영혼의 안식처 (극락·천국)를 찾지 못하고 방황하게 된다.

그러다 가까운 인척에 빙의(憑依)되어 갖가지 형태로 활동 (?)하다가 영매(靈媒)를 토해 천도되는 예가 허다하다.

반포에 사는 J씨(36)는 철이 들면서부터 지병을 가지고 있 었다. 그것도 누구에게 내놓고 말하기 곤란한 부위에 고장이 생기곤 했다.

소변을 지린다거나 남자로서의 구실을 못해 결혼도 못하고 있었다. 용하다는 병원이나 한의원을 백방으로 수소문해서 찾 아다니기도 했으나 원인도 알 수 없고 또한 치료도 되지 않았 다.

자포자기에 빠져 있던 J씨가 친지의 소개로 필자를 찾아왔 다. 놀랍게도 그에게는 20여년 전에 죽은 그의 백부의 영이 빙 의 되어 있음을 한눈에 알아볼 수 있었다. 그것도 남자로서의 기능을 할 수 없는 영이었다.

J씨가 어렸을 때 죽은 그의 백부는 첩과 살다가 어느 날 첩 에 의해 남자의 심볼이 잘려 비참하게 세상을 하직하게 되었던 것이다.

기막힌 사연을 안은 채 구천에서 떠돌던 원혼이 어린 조카에게 빙의되어 천도될 날만 기다렸던 것이다.
 이러한 영은 매우 적극적으로 '자기 표현'을 하는 부류이다. 반대로 이러한 특별한 일에만 모습(?)을 드러내 일을 방해하거나 훼방을 하는 부류도 있다.
 이러한 영들을 헤아려 위로해 주고 영혼의 안식처로 인도하는 작업을 영매가 하게 된다.
 병든 육신을 의사가 고치듯 원혼이 된 영혼을 위로하고 인도하는 일을 영매가 하는 것이다.
 그것이 과학으로 증명될 날이 오고 있다.

행불자 사망인줄 알고 천도식

사람 인(人)자를 영혼과 육체라는 두개의 획이 합쳐져 형상화 된 것으로 풀이할 수도 있다.

육신에서 영혼이 이탈하면 육신은 죽게 된다. 따라서 영혼이 육신 속에 있을 때만이 육신이 살아있게 되니까 육신이란 존재의 근원은 영혼일 수 밖에 없다는 심령학적 해석도 가능하다.

한국인의 영혼관을 옛이야기나 민속 등에 용해되어 영혼의 존재를 인정하는 이들이 많은 편이다.

이렇게 해서 형성된 영혼관은 각자의 종교적 신앙과 관련을 맺게 되면서부터 더욱 구체화 되고 확고해지게 된다.

민속에 투영돼 있는 영혼관을 표현한 재생설화[설화 속에 부활·환생·재생 모티브가 들어앉은 이야기]는 많다.

영혼의 종류는 생령(生靈)과 사령(死靈)으로 구분된다. 즉, 살아있는 사람의 영혼과 죽은 사람의 영혼인 셈이다.

생령에 대한 이야기 중에 이런 것이 있다. 잠을 자고 있는 남편의 코에서 콩알만한 흰쥐가 한 마리가 나와 돌아다니더란 다. 그의 아내가 쥐의 행적을 따라 다니다가 다시 콧속으로 쥐가 들어가자 남편을 깨워 꿈이야기를 들어보니 쥐가 다닌 그대로를 말하더라는 얘기다.

이 얘기와 관련해서 예로부터 '잠자는 사람의 얼굴에 앙괭이를 그리면 안된다'는 말도 잠자는 동안 잠시 떠났던 영혼이 달라진 육신을 몰라보고 아주 떠난다고 믿기 때문이다.

또 예로부터 수명대로 순조롭게 살다 죽은 사람의 영혼은 선령이 되고, 원한에 차 죽은 사람의 영혼은 악령이 된다고 믿어 왔다. 상당한 근거가 있는 것으로 받아들여지고 있다.

모회사 중견간부 K씨의 부친 영혼을 위로하기 위한 천도 예식을 올렸으나 도무지 영이 나타나지 않았다. 그래서 사연을 물어볼 수 밖에 없었다.

K씨의 말에 의하면 그의 부친은 1964년 어선에 연료를 대주는 급유선의 선장으로 어느 날 일을 나갔다가 배와 함께 실종돼 침몰익사로 사건이 처리됐다는 것이다.

그후, 그날은 날씨도 쾌청했고 다만 그 배에 신원을 알 수 없는 어떤 사람이 타고 있었다는 소문만 들었다는 것이다. 그의 아버지는 행방불명일 뿐 죽은 사람은 아니었다.

또 40년 동안 친정 아버지의 제사를 지내 온 J부인의 사연도 비슷하다.

역시 영혼을 불러보았으나 J부인의 아버지도 영도 나타나지 않았다. 사연을 캐보니 6.25때 전사했다는 얘기만 듣고 지금까지 해마다 제사를 지내왔다는 것이다.

시체를 확인할 방법도 없었고 그 당시에는 비명에 숨져 간 사람들이 너무 많은 탓에 당연히 죽은 것으로 믿었던 것이다.

슬픈 민족사의 한 단면이 아닐 수 없다. 통일에 대한 기대가 과거 어느 때보다 고조되면서 확인되지 않은 죽음에 대한 자손들의 속시원한 확인의 길이 하루라도 빨리 열렸으면 하는 바램이 커진다.

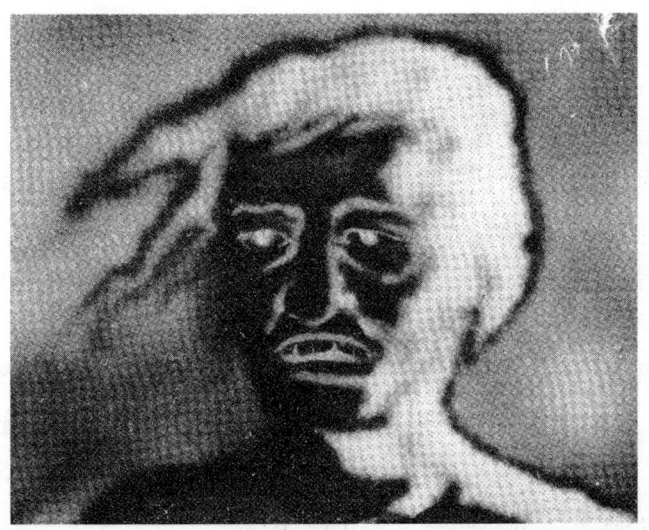

영능자 A씨의 영시(靈視)에 떠오른 고민하는 유체의 모습

'아랑'의 전설

 아랑의 전설이나 폭스가(家)의 이야기는 영혼의 세계를 극명하게 드러내는 대표적인 예 가운데 하나다.
 전설로 알려진 '아랑의 이야기'는 경남 밀양 지방을 무대로 전해져 내려오고 있다.
 영혼이 나비로 현신해서 자기를 죽인 원수의 머리에 내려앉아 한을 풀었다는 '아랑의 전설'은 폭스가의 이야기와 맥을 같이 하면서도 '전설'다운 모티브를 가지고 있어 동양과 서양의 영혼관을 상징적으로 보여 주고 있다.
 폭스가의 사건은 '심령과학 발족의 날'이라는 기념비적 출발점이 되었는데 이는 1848년 3월 31에 행상(行商)인인 '찰스로스나'라는 남자가 미국 뉴욕주 로체스터시에서 서쪽으로 20km 가량 떨어진 작은 마을인 하이즈뷰에서 그가 단골로 거래하던 '조지 백크'에 의해 살해당한 일로 부터 시작된다.
 비명에 죽음을 당한 찰스로스나는 원혼이 되어 암장된 집안을 떠돌게 된다. 원혼은 각종 소리로 존재를 드러내다가 마침내 죽은 지 5년만에 폭스가에 의해 교신이 가능해진다.

폭수가의 안주인이 원혼가 소리로 의사소통을 해서 범인이 누구라는 것과 두개골도 찾아냈으나 증거 불충분으로 살인자 조지 백크는 구속되지 않았다.

그러다가 1904년 11월 23일 사건이 발생된지 실로 56년만에 그 집의 지하실에서 놀고 있던 아이들에 의해 벽속에서 목 아랫부분의 전신뼈와 행상인용의 가방 등을 찾아낼 수 있었다.

이 사건에서 주목되는 점은 객관적인 방법으로 많은 사람들이 입회한 자리에서 사후 영혼과 통신(교신)을 한 것이 처음이고, 이로 말미암아 영혼의 실체가 증명되었으며 영혼에 관한 문제가 과학적으로 연구되는 계기가 되었다.

폭스가의 안주인이 대화로써 물어보면 영혼은 물체를 두드리는 소리로 대답을 하는 식으로 의사를 소통했다. 이런 현상을 '랍프' 우리 말로는 고음이라고 하며, 가장 일어나기 쉬운 심령현상 가운데 하나다.

한을 품고 죽은 사람들은 원혼이 되어 어떻게든 맺힌 한을 풀고자 하는 경우가 많다.

영혼과 대화를 하다 보면 비명에 죽은 까닭을 알게 되는 경우 역시 많다. 얼마전 혈액형과 관련돼 자식들과 동반 자살한 한 여인의 죽음이 세간을 놀라게 했다.

주위의 따가운 시선을 받다가 참을 수 없어 스스로 목숨을 끊은 사연이 많은 이들의 가슴을 아프게 했다.

그러나 속사정은 꼭 그런 것만도 아니었음이 영혼의 고백을 통해 알 수 있었다. 남편과의 불협화음과 아내로서의 남모를 갈등을 죽음으로써 결판을 냈던 것이다.

당신의 전생(前生)은 누구인가?

효도의 대성인(大聖人) 진묵대사는 조선조 명종(明宗 1562~1633)때 스님으로 선(禪)과 교(敎)에 밝은 청정 비구(比丘) 스님으로서 수행을 철저히 하면서도 효도 또한 극진했다.

그의 일생은 기이하고 불가사의한 일이 많았고, 신통도력이 뛰어난 석가모니 부처님의 화신(化身)이라고 전해지고 있다.

그의 출생은 이렇다.

전북 김제군 만경면 화포리에 40이 넘도록 아이가 없는 불심이 돈독한 부부가 살고 있었다.

그들이 전주 서방산 봉서사에서 생남기도를 올리던 어느 날이었다.

부인의 꿈에 영롱한 구슬이 떨어지더니 차차 변하여 부처의 모습이 되었다. 부인은 그 부처에게 절을 하다가 잠이 깨었는데 그때부터 태기가 있었다.

이렇게 해서 태어난 일옥[一玉:진묵대사의 아명]은 생김도 꼭 부처를 닮았다. 일옥은 스스로를 부처라 했고 불법을 배운 바 없지만 훤히 알고 있었다.

7살 때 어머니를 졸라 봉서사에 들어가 혜영스님을 스승으로 모시고 사미가 되었다. 떠돌며 수행하는 운수행각중 창원 마산포에서의 일이다. 진묵대사를 사모하던 규수가 상사병으로 세상을 떠났다.

10여년이 지난 어느날 대사가 전주의 대원사(大元寺)에서 좌선을 하고 있는데 마산포의 규수가 나타나 남자의 몸으로 환생해 시봉코자 찾아왔다는 징조를 본 이튿날, 마산포에서 온 15세의 기춘(奇春)이라는 소년이 찾아왔는데 마산포의 규수와 생김이 똑같았다.

假令經百却 因綠會遇時 所作業不亡 果報還自受. 즉, 설사 백겁이 지나더라도 인연을 만날 때는 자신이 지은 업은 없어지지 않아서 그 과보를 스스로 받는다는 것을 알고 그를 시자로 삼았다.

진묵대사와 기춘에게서 전생이 얼마나 정확하게 현재와 연결되었는가를 알 수 있다.

사후(死後) 육체는 소멸되나 영혼은 우주공간을 떠돌며 환생할 대상을 찾는다. 또한 '카르마=業의 법칙'이 적용되어 영혼은 생전의 행실에 적합한 곳에 환생하게 된다.

미국 콜로라도주 푸에블로 마을에서 최면 카운슬러인 모레 이번스타인이 루스라는 여인을 상대로 역행최면을 걸어 그녀의 우울증을 치료하고 있었다. 그의 최면은 루스의 기억을 역행, 마침내 전생을 알아내게 되었다.

바람기 있는 남편때문에 우울증에 걸린 루스는 전생에 수다쟁이에다 남편 몰래 다른 남자를 사귀는 불성실한 여자였다.

다음은 버지니아대학의 '이언 스티븐슨'박사의 연구 조사 결과의 한 예이다.

프라카시(남 · 26)는 남부 인도의 체타라는 도시의 가난한 직공의 아들이다. 3, 4세경부터 비몽사몽간에 길거리로 달려나가 자신이 코시카란에 있는 보라나스가(家)의 니르마르라고 했다.

정신적 결함을 발견 못한 양친은 아들을 그곳에 백여킬로쯤 떨어진 코시카란에 데리고 갔다.

그곳에서 그는 호화로운 보라니스가(家)로 들어가 그집 주인에게 '아버지'하고 품에 안겼다. 자대슈형, 수리마티누나 하면서 가족을 알아맞혔다.

그리고 5년 전에 천연두로 사망한 그 집의 차남 니르마르가 쓰던 장난감을 '아, 내꺼다'하고 가리켰다.

최면이나 라이프리딩(Life Reading)으로 전생을 알아낸 예는 허다하다.

이렇게 볼때 살아온 삶을 더듬어 보고 또 앞으로의 삶이 인간으로서의 최고상태인 보살계(菩薩界)나 그보다 한층 높은 이상의 상태인 불계(佛界)에 이르도록 정진해야겠다.

입시철에 생각하는 사람들

수년전 입시철이었다.
어느 날 새벽 40대 남자 한분이 이른 아침에 필자를 찾아왔다. 자녀의 입시문제로 뜬 눈으로 보내다가 허겁지겁 달려온게 분명했다.
"고2때까지만 해도 1, 2등을 다투던 애가 고3 들어서는 웬일인지 성적이 뚝 떨어져 대학가기 조차 힘들 정도입니다. 어떤 대학이든지 들어가기만 해도 좋겠는데, 어떻게 하면 좋을지 몰라 상의 드리러 왔습니다."
흔히 자녀의 진학 문제는 어머니들이 앞장서기 마련인데 이 분은 예외였다. 그 진솔함이 그대로 드러나 정성껏 비방을 알려드렸다.
그분은 필자가 일러준 대로 송광사를 찾아가 이틀간 묵으면서 무릎이 벗겨지도록 1천 8백번이나 절을 했다.
정성을 다해 아들의 합격을 빌었고 장래를 위해 아비로서의 모든 것을 바친 것이다.
그분의 지성을 곁에서 지켜 본 송광사 방장스님도 그에게 계를 내려주시고 자녀의 앞날을 축복해 주셨다. 결국 그분의 아들은 원하는 대학의 영문과에 무난히 합격, 그 후 사회에 나와서도 훌륭한 인물로 큰 몫을 하고 있다.

같은 시기에 역시 필자를 찾아온 부인이 있었다.

"법사님, 무슨 일이 있어도 우리 애를 꼭 합격하게 해주십시오, 부탁입니다."

부인 역시 아들의 합격에 목숨까지도 담보로 하고 있는 듯 싶었다. 그러면서도 기도는 필요도 없고 들어가게만 해달라는 것이었다. 난감하기 짝이 없었다.

그러나 부인의 뜻(?)대로 그집 아들은 모대학 경영학과에 입학할 수 있었다. 그러나 끝내 졸업을 못하고 중도 포기하고 말았다.

입시철이 돌아오면 많은 분들과 자녀의 진학 문제로 상담을 하게 된다. 그런데 많은 경우, 과정을 무시하고 결과만 얻고자 거의 맹목적으로 매달리는 부모들이 의외로 많음에 놀라지 않을 수 없다. 흡사 복권에라도 당첨되는 식으로, 주술적 간구나 요행을 바라는 주문이 거의 압도적이라는 것이다.

그러나 인생문제, 더구나 자녀의 장래가 걸린 문제를 한낱 주술이나 요행으로 결정하거나 얻으려 해서는 안될 것이다. 뿌린대로 거두고 가꾼대로 얻는다는 평범한 진리를 잊어서는 안된다.

점술로서 당장 합·불합격을 가려낸다 해도 부모의 진솔한 정성이 자녀의 영혼에 접목되지 못한다면 그것은 아무런 의미가 없다.

오히려 한때의 가식적 영광으로 인해 일생을 뜬 구름처럼 살다 가버릴 수도 있다는 점에서 퍽 조심스런 일이 아닐 수 없다.

어떤 일의 과정을 중요하시고 그 지향하는 점이 지선(至善)일때 부모와 자식간의, 이웃과 이웃간의, 개인과 사회간의 교감이 이루어져 정신〔영혼〕이 통하는 운명체가 생성하는 것이리라.

전화 한 통화

며칠전 늦은 밤에 평소 잘 알고 지내던 여자분으로부터 전화를 받았다.
"친정아버님이 여러 날째 아프신데, 구명시식을 하고 싶습니다. 시간을 내주실 수 있는지요?"
전화를 받는 순간 그분(친정아버지)의 영이 이미 떴음을 알 수 있었다. 물론 그분의 생년월일과 그간의 병력을 물어보는 과정에서 떠오른 영감으로 해서 알 수 있었던 것이다.
"너무 염려마시고 그냥 편하게 해드리세요. 잡수시고 싶은 것 해드리시고 번거롭게 해드리지 마세요."
더 이상 할 얘기가 없었다. 그러나 곧 세상을 하직할 것이라는 말을 할 수는 없는 노릇이었다. 무작정 거절할 입장도 아니어서 구명시식보다는 와병중인 분의 마음을 편하게 해드리는 게 순서라는 식으로 말을 했던 것이다.
전화를 통해 떠오른(영사=靈査) 그분의 영혼은 앞으로 20여일 후가 되면 운명할게 역력했기 때문이다.
그러나 전화를 한 여자분은 나의 뜻을 이해할 수 없었다. 그래서 적지 않은 돈을 들여 어느 무당을 찾아가 기필코 굿을 했다고 한다. 그런지 얼마후 그분은 세상을 하직하고 말았다. 그후 굿하는데 든 비용중 얼마는 돌려받았다는 뒷얘기를 들었지만 안타까운 일이 아닐 수 없었다.

생(生)과 사(死)는 확연한 선이 그어지는 것이어서인지는 모르겠지만, 염력(念力)을 통해 보면 쉽게 알 수 있게 된다.

이미 영이 뜬, 즉 혼이 나간 사람의 모습은 한눈에 알아볼 수 있는 것이다. 직접 사람을 만나지 않아도 전화나 편지를 통해 장본인의 신상만 파악을 해도 생사가 드러나게 된다는 것이 일반적인 예다.

흔히 구명시식이나 영혼천도를 통해 죽은 사람을 살린다거나 병든 이를 고칠 수 있다는 생각을 가진 이들이 많다.

물론 구명시식을 함으로써 과거와 미래를 짚어볼 수 있기 때문에 잘못된 것을 고쳐 올바르게 이끌어 나아가 정신적으로나 육체적으로 평안을 찾을 수는 있다. 다시 말해 부수적 효과를 거둘 수 있는 것이다. 그러나 생사를 결정짓는 그 자체가 구명시식이 아니며 더구나 믿음과 정성없이 물질적, 혹은 돈으로 해결하려는 생각이 앞서서는 아무런 효험을 얻을 수 없다.

밤새워 정성을 드리며 하는 구명시식은 말 그대로 시퍼런 칼날 위에서 춤을 추는 것과 같은 혼신의 힘이 필요한 것이다.

영혼과의 대화를 통해 실생활에서 무심코 흘려버리거나 소홀한 점들을 하나씩 챙기고 바로 잡아 줌으로써 보다 뜻있는 삶을 영위할 수 있게끔 인도하는 것도 하나의 보람이 될 수 있다.

최후와 최초의 생각

 우리는 하루에도 몇 번씩 헤어지고 만나고 또 죽는 연습을 끊임없이 반복하면서 일생을 살아가는 것이다.
 일을 위해 가족과 헤어져 잠시 동안이라도 이별을 해야 하고, 일을 마치고 귀가해서 만나 즐거움을 나누게 된다.
 늦은 밤 잠이 들면 영락없이 인간은 죽는 연습을 하는 것.
 아침에 비록 달갑지 않은 일이 있었을지라도 저녁에 즐겁고 행복한 시간을 갖게 되면 그날 하루는 보람찬 결실을 거둔 날로 기록된다.
 반대로 아침에 제아무리 즐겁고 행복한 출발을 했다해도 저녁에 불행한 일이 생기면 그날은 결국 허무한 날로 남게 된다.
 그래서 '최후에 한 생각은 최초에 한 생각'이라는 말이 실감나게 받아들여진다. 또 하루를 잘 사는 것은 결국 전생을 잘 사는 것과 같다는 말씀이 새삼 가슴에 와 닿는다.
 하루는 50대 남자분이 방문을 하셨다. 선한 모습이 체취처럼 몸에 배어 있는 분이었다.
 그러나 착하고 선할 뿐, 응당 받아야 할 복락을 받지 못하는 분임을 알 수 있었다. 착한 만큼 물질적 복락도 받아야 하는 것이 인과응보의 법칙에도 맞는 것이련만 그렇지 못한 경우를 흔히 보게 된다. 그래서 '하늘도 무심하다'는 탓을 하게 된다.

반대로 뭇사람들의 욕을 먹는, 분명히 나쁜 짓만 골라 하는 사람이 세속적인 복락, 즉 돈도 많이 벌고 처복 자식복도 넉넉해서 일세를 풍미하며 사는 예를 보게 된다. 그래서 착하디 착한 사람의 가난이 더욱 비참해 보이기 십상이다. 이분도 그 대표적인 분이었다.

"내 평생에 나쁜 짓을 한 일이 없고 남을 욕하거나 못살게 군 적도 없는데, 하는 일마다 제대로 되는 것이 없어요. 답답하기만 합니다."

50평생 곧이 곧대로 정도(正道)를 지키며 살아오신 분이다. 먼 타국 사우디에 가서 열심히 일해 돈을 벌어서 사업을 했지만 제대로 풀리지 않고 아까운 돈만 없앴다고 하소연한다.

그분 역시 하늘을 탓할 수 밖에 없었다는 것이다. 누군들 그 지경이 되면 조상탓 하늘 탓 안할 수 있겠는가.

그분에게 전생(前生)의 이치를 들려줄 수 밖에 없었다.

전생에서 제아무리 나쁜 짓만 골라 하던 사람도 임종 순간에 자신이 저지른 죄과를 진심으로 회개하고 새사람이 되는 경우, 그리하여 다시금 육신을 얻어 태어났을 때는 흔히 전생의 업으로 해서 착한 사람이 되지만 이른바 '복락'을 누리지 못하는 예가 있다.

반대로 평생 착한 사람으로 살다가 죽는 순간 나쁜 짓을 해서 죽을 경우 환생할 때는 악한 마음을 갖고 태어나는 수가 있다. 이럴 경우 비록 악한 일을 하면서도 전생에 착한 일을 한 까닭에 세속적인 복락을 누리는 예가 없지 않다.

결코 인과응보의 법칙이 맞지 않는다거나 허황된 것이 아님을 알아야 한다.

그분은 이내 나의 설명을 이해하셨다. 지금까지 바른길대로 살아온 것에 큰 만족을 하게 되었다. 내세(來世)에 대한 믿음에 확신을 가질 수 있기 때문이었다.

시종여일(始終如一), 한 길을 가야 한다. 가다가 바르지 않은 길을 간다고 깨달았을 때는 곧 바른 길로 접어들어야 한다. '최후에 한 생각이 최초에 한 생각'이라는 말씀을 잊어서는 안된다.

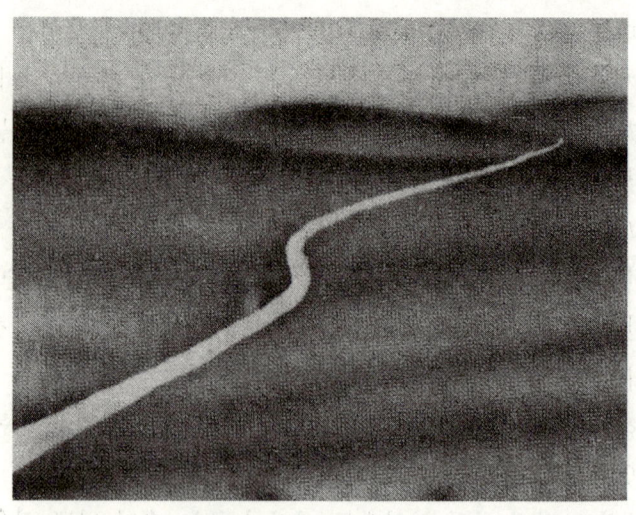

망자(亡者)가 보게 되는 대표적인 풍경—망망한 초원 사이에 한줄기 빛나는 삼도천(三途川)

13년만의 해후

　보고싶었던 사람을 낯선 땅에서 그것도 전혀 예기치 못한 순간에 만난다는 것은 여간 놀랍고 반가운 일이 아닐 수 없다.
　며칠 전 필자는 그런 일을 직접 체험했다. 구태어 말한다면 꼭 '예기치 못했던 것'은 아닐지도 모른다. '꿈'이 갖는 예시능력이랄까. 그런 '영감'을 믿고 있는 필자로서는 이미 예상을 하고 있었다는게 정확한 표현일 터이다.
　며칠 전 지방도시인 D시에 갈 일이 있었다. 전날밤 꿈속에서 무려 13년 전에 헤어졌던 정모씨를 보게 되었다.
　착하기 짝이 없는 사람이었다. 그러나 13년 전의 그는 큰 빚을 져 결혼생활에 중대한 변화를 앞두고 있었다.
　그의 아내로 인해 진 빚 때문에 결국 26년간의 결혼생활을 청산하고 이혼을 해야만 했던 것이다. 그 무렵 정씨와 나는 돈독한 우정을 나누고 있었으나 각자의 생활 터전을 찾아 헤어져야만 했다.
　그후 13년, 그는 D시에서 사업을 일궈 지고 있던 빚도 모두 갚고 적잖이 돈을 벌어 남부러울게 없을 만큼 성공을 했다. 더구나 그는 불교에 귀의해서 D시의 원불교 신자로 교단을 위해 큰일을 하게 되었다. 한마디로 인생의 황금기를 맞이 하고 있었다.

필자가 D시를 찾은 날은 바로 그가 시작한 백일기도가 열흘을 남겨 놓고 있었던 날이었다.

그의 기도 제목은 D시의 원불교 법당을 짓는데 필요한 알맞은 부지를 마련케 해달라는 것이었다.

D시에 도착해 길을 걷다가 우연히 만난 우리는 너무 반가워 서로 말문을 열지 못한채 손만 마주잡고 흔들고 있었다. 그러다가 부근 다방에 들어가서야 그간의 안부를 묻고 살아온 얘기를 나누었다.

그래서 그가 백일기도중이라는 것과 교당을 짓는 일에 마음을 쓰고 있다는 것을 알게 되었다.

필자는 또 한번 인연이라는 것과 기도의 위력을 실감하게 되었다.

내가 D시에 간 까닭은 약 1개월 전에 구입했던 부동산(대지) 관리를 위해서였다.

나는 무심코 D시 방문 이유를 그에게 말을 하게 되었다. 나의 말을 듣기가 무섭게 그는 그곳을 자신에게 보여줄 것을 채근했다.

현장에 도착한 그는 감탄을 연발하며 그 부동산을 자신에게 양도해 줄 것을 강요(?)했다. 자기가 기도 중에 늘 그려왔던 그런 부동산이라는 것이었다. 장방형의 모양새와 적당한 크기가 바로 이것과 똑같다는 얘기였다.

나는 군말없이 그에게 부동산을 양도했다. 당초 계획은 1, 2년 후에 내놓을 생각이었으나 그와의 해후에 대한 선물인 셈치고 넘겨 준 것이다.

필자는 그와의 '만남'을 전날의 꿈을 통해 예견할 수 있었다. 그러나 그것은 나의 예시능력이라기 보다 그의 백일정성이 낳은 '위력'이라는 편이 더 옳다. 정성과 기도는 엄청난 일을 성취해 내는 힘이 있는 것이다.

자살과 영혼

입시철을 전후해서 안타깝기 그지없는 일들이 자주 일어난다. 어린학생들이 상급학교 진학을 앞두고, 또는 낙방을 하고 제 스스로 목숨을 끊는 일이 그것이다.

자살은 제 삶을 제 스스로 마감하는, 어찌보면 결단력 있는 혹은 용기있는 행위인듯 하지만 인간으로서 할 수 있는 가장 잔인하고 못할 짓이 바로 자살이다.

생명, 인간의 목숨은 '제' 스스로 얻은 것이 아니기 때문에 '내'가 내 손으로 훼손해서는 안되는 것이다. '머리털 한 올' 마저도 부모에게서 물려받은 것이기 때문에 함부로 하지 않았던 우리 조상들의 정신을 보아도 인간의 목숨을 '끊거나', '뺏는' 물리적 행위의 대상일 수 없는 것이다. 그러면서도 인간은 그 소중함을 잊고 사는 경우가 허다함을 알 수 있다.

흡사 공중을 나는 새가 물의 고마움을 모르고, 물속에 사는 물고기가 물의 감사함을 모르듯 인간도 늘 생사(生死)를 거듭하면서도 그 의미를 모르고 사는 것과 진배없다.

삶속에 죽음이 있고, 죽음 속에 삶이 있다는 선현들의 말씀이 새삼 값지게 여겨지는 요즘이다.

  생과 사는 자연(自然)이기에 자연의 이치를 거스르는 행위는 큰 죄악이 아닐 수 없다. 그래서인지 자살을 한 사람의 영혼은 천도도 안된다.

  얼마 전, 경남 김해에 사는 분이 아들을 위해 구명시식을 해달라는 부탁을 받았다.

  그분의 아들은 건장한 체격에 머리도 뛰어난 사람이었다. 어느 날 사소한 다툼 끝에 술에 만취돼 농약을 마시고 자살을 하고 말았다.

  여러 가지 상황을 보아 자살한 것이 틀림없다고 단정한 관계기관에서도 의심없이 일을 처리했다. 그의 아버지도 자살을 인정했다.

  그의 입언저리에는 농약이 묻어 있을 뿐 아니라 손에는 농약병이 들려 있어 의심의 여지가 없었다.

  그가 죽은 사연이 그런지라 필자도 의심없이 영혼천도를 위해 정성을 다했다. 그러나 뜻밖에도 그는 자살한게 아님이 드러났다.

  그의 혼백이 자신은 자살한게 아니고 고혈압에 의한 혈관파열로 죽었다는 것이다. 그런데도 관계기관이나 아버지가 '자살'로 단정해서 영혼이 천도하지 못하고 구천에서 떠돈다는 애끓는 하소연을 하고 있었다.

  필자가 그런 내용을 그의 부친한테 일러주자 그분도 아들의 사인을 알고 있었지만 모든 게 귀찮아 굳이 바로잡지 않고 내버려뒀다는 고백이었다.

이렇듯 자살은 그 자체만으로도 죄악이지만 저승에서도 용서받지 못하는 행위임을 알 수 있다.
  예로부터 자살은 천지(天地)와 조상, 그리고 부모형제를 배반하는 행위이고, 남은 이들을 가슴 아프게 하는 죄를 짓는 것이라 했다.
  또 의무와 책임을 회피하고, 자신의 보기싫은 모습을 드러내 보이게 하며, 이기적인 행동을 하는 죄를 짓는 행위라 했다. 살아있다는 것만으로도 부모형제 친지에게 '안도감'을 주는 '큰 일'을 하고 있음을 알아야 한다.

'영혼의 텃밭' 가꾸기

대부분의 사람들은 어떤 일을 하고 난 후에는 반드시 댓가를 기대하게 마련이다. 특히 선행(善行)을 한 다음에는 자랑을 하고 싶어지고, 선행의 부피나 무게보다 더 큰 결실이 자신에게 오기를 바란다.

뿌린대로 거둔다는 것을 잘 알면서도 그 이상의 무엇을 기대하는 심리는 인지상정일 터이다. 그러나 그 기대가 무산되거나 기대만큼 결실이 마땅치 않으면 '탓'을 하게 되는 것도 보통사람들의 일반적인 심리이다.

신앙심이 깊은 사람 중에도 이러한 모든 것들의 '조건'을 감사의 조건으로 돌려 흡족해 하는 예가 있다.

남을 돕고 선행하는 것도 감사하는 조건이 되며 그 결과의 크고 작음 또한 감사의 조건이 된다는 것이다. 설혹 결실은커녕 해(害)가 되는 것도 감사의 조건으로 받아들이고 있다.

상당한 재력을 소유하고 있는 51세의 이모 여인이 있었다. 이 여인은 흔히 유한부인들이 하는 행태와는 달리 가난한 이들을 물질적, 정신적으로 도와줄 뿐 아니라 자기 자신을 위해서는 그 흔한(?) 밍크코트 하나 장만하지 않고 지금까지 비행기 한번 타보지 않았을 만큼 검소하게 살아가고 있다.

이 여인의 딸이 대학입시에서 낙방을 하고 말았다. 그 얼마 후 그분을 만나 위로의 말을 하게 되었는데 반응이 놀라웠다.

"우리집은 행복하다. 모든 것이 감사할 일뿐이다. 우리 애가 낙방한 것도 감사한 일이다. 모든 것이 다 좋으면 오히려 화가 되는데 한가지 좋지 않은 일이 있기 때문에 더 감사해야 할 일이다."

그분이 행복한 까닭을 능히 짐작케 하는 말이었다.

어느 성직자와 등산을 할 기회가 있었다. 산마루턱에 달했을 때 그 성직자는 분재용으로 꼭 알맞다는 작은 소나무를 발견하자마자 뿌리째 뽑아 배낭에 담는 것이었다.

'내 담장 안에 있는 것만 내 소유'라는 생각에서 벗어나지 못한 이기심을 엿볼 수 있었다.

'분배의 정신'이 무엇인가를 일깨우는 두가지 예라고 할까.

한걸음 더 나아가 금지타사(今之他事)가 후지아사(後之我事) 즉, '당장의 일이 남의 일 같지만 후에는 나의 일'이라는 고사를 잊어서는 안된다.

영혼의 텃밭을 일구는 작업은 하루도 빠짐없이 계속해야 한다. 신앙인은 남을 위해 자신의 능력을 다하겠다는 기도를 하고 봉사하는 자세를 가져야 하며 일반인도 남에게 도움이 되는 일에 생각을 게을리 하지 않아야 한다.

영혼의 텃밭이 아름답고 풍성할 때 기울인 정성만큼 커다란 결실이 자신에게 돌아온다는 이치를 깨달아야 한다.
　다른 이의 아픔을 곧 나의 아픔으로 받아들여 서로 위로하고 격려하는 풍토가 아쉬운 때이다.
　사회가 혼란하고 윤리도덕이 어지러울 때일수록 묵묵히 자기의 영혼을 가꾸는 일은 머지 않은 장래에 자신뿐 아니라 이웃과 사회를 아름답고 풍요롭게 가꾸는 일임을 깨달아야 한다.

전생(前生)과 내생(來生)의 비밀

연말연시 TV브라운관의 주인공은 뭐니뭐니해도 가수들이 아닌가 싶을 만큼 저마다 호화스런 무대의상을 갖추고 온갖 고운 목소리를 뽐내고 있다.

올해도 예외없이 그들의 목소리 연기를 안보고 안들을 수 없을 만큼 각 TV방송국의 공세(?)가 대단하다.

문득 가수들의 노래를 듣노라니 절로 웃음이 나온다. 어느 영통인(靈通人)의 말이 떠올라서이다.

그의 말에 따르면 천부적으로 '끼'를 타고 난 명가수들의 전생(前生)을 살펴보면 많은 경우 새(鳥)였음을 알 수 있었다는 주장이다.

그러니 비록 사람의 형상을 하고 나와 열불나게 목소리를 뽑고 있는 가수들의 대부분은 필경 전생이 새에 지나지 않는다는 생각을 하니 절로 웃음이 나올 수 밖에.

입이 유난히 발달한 이모 여가수는 역시 입이 큰 '페리칸'이 전생의 주인공이었을 테고, 눈이 불거진 민모 여가수의 전생은 딱따구리나 갈매기는 아니었을까.

그런가 하면 입은 작지만 유별나게 목소리가 화려한 김모 가수의 전생은 꾀꼬리고 가창력은 신통찮은데 춤 하나는 특출난 역시 김모 가수의 경우는 화려한 공작쯤이 전생이었다면 제격일 터이다.
이런 생각을 곁들여 가수들의 연기를 보고 있노라니 더욱 흥미진진해진다.
사람마다 '나의 전생은 무엇이었을까'하는 의문을 품어 볼 때가 있을 것이다. 그러나 자신의 전생이 무엇인지 아는 사람은 매우 드물다.
영통한 사람이나 혹은 이 방면에 깊이 있는 연구를 거듭하는 이들 가운데는 간혹 전생과 내생을 밝히는 예는 있어도 보통사람의 경우 천기(天機)와도 같은 전생의 비밀을 아는 이들은 없다는게 정설이다.
이는 천기를 아는 것이 금기시 되어 있기 때문이라는 다분히 금단 의식적 사고방식에서 연유돼 그런 것이 아니라 전생을 알아야 할 하등의 필요가 없기 때문으로 풀이 된다. '현생'을 영위하는데 있어 전생이나 내생이 어떤 연관을 가질 필요가 없다는 뜻도 포함돼 있다.
그만큼 현생의 지표가 어떠해야 한다는 기준이 확실하기 때문이다. '인간답게 살아야 한다'는 것이 그 해답이며 지표이기에 그러하다.
사람마다 전생이 가수들의 경우처럼 새일수도 또는 그보다 못한 미물일 수도 또는 위대한 선각자일 수도 또는 악인이나 선인일 수도 있다.

물론 인간 영혼의 실재를 믿는 이들을 전제로 할 때 말이다. 그러나 이같은 전생·내생의 '나'는 현생의 '나'와는 전혀 별개의 것임을 알아야 한다. 물리적으로 그것은 분명히 현재의 '나'와는 별개라는 뜻이다.

그러면서도 '나'의 전생을 누구나 알 수 있고, 또한 내생의 '나'를 만들어 나갈 수도 있다.

전생의 '나'는 현생의 '나'를 '바르게 보면' 확실하게 알 수 있으며, 내생의 '나'는 지금 '내'가 어떻게 살아가고 있는가를 '바로 알면' 해답이 나온다.

뿌린대로 거두고 심은대로 거둔다는 진리를 잊지 말아야 하겠다.

영혼의 맺음

 수삼일 전 B시에 있는 친구의 초청을 받고 그곳에 다녀올 기회가 있었다. 십여년 전에 살던 곳이라 찾아볼 이웃들도 많고 두루두루 할 일이 많았던 터라 기꺼이 초청에 응했던 것이다.
 그의 집 대문을 밀고 들어서자 가장 먼저 반기는 사람은 국민학교 1학년짜리인 친구의 딸이었다. 반듯한 이마, 오똑한 콧날, 반짝이는 까만 눈동자, 해맑은 모습의 작은 아가씨가 고운 목소리로 맞이해 주었다.
 그 생김생김이 너무나 예뻐 순간 뉘집 아이인 줄을 깜박 잊기까지 했다.
 벌써 7, 8년 전 일이다.
 어느 날 밤 꿈을 꿨다. 꿈속에서 친구의 아내가 갓난 아기를 안고 웃는 모습이 눈에 선했다. 다음날 나는 무심결에 친구와 그의 아내에게 꿈 얘기를 하게 되었다.
 "자네, 아이 하나 낳겠군. 축하하네."
 "…?"

"왜? 믿지기 않나? 두고보라구…"

두 사람은 내 말의 뜻을 모르겠다는 듯 멍한 표정만 짓고 있었다. 그럴 수 밖에…. 그들 부부는 애를 가질 수 없는 신체적 조건을 가지고 있는 사람들이었다.

그점을 내가 깜박 잊고 꿈을 사실인양 뚜벅 말해 버렸으니 의아해 할게 뻔했던 것이다.

자신들의 아픈 곳을 누구보다 잘 알고 있는 내가 한 말이었으니 얼마나 야속했겠는가. 그러나 나는 내가 한 말을 취소할 수가 없었다. 그것은 꿈이 아닌 '사실'로 내게 다가왔기 때문이다.

그런지 며칠 후 친구 부인의 친정어머니로부터 전갈이 왔다. 남편이 외국에 나갔다가 불의의 사고로 죽었는데 부인이 아기를 낳게 되었다는 것. 그러나 부양 능력이 없다는 딱한 사정을 알게 된 친구의 장모가 그 아이를 늘 자식이 없어 애태우는 사위의 딸로 입적시켜야겠다는 생각으로 미리 사례도 하고 아기를 데려다 놓고 두 부부를 불렀던 것이다.

이미 아기를 집에 데려온 터라 좋다 나쁘다를 따질 처지가 아니었다. 그날부터 그 아기는 친구 부부의 자식이 될 수 밖에 없었다.

갓난아기일 때 본 모습과는 생판 다른 아이를 보면서 인연이란 정말 묘하다는 생각을 또 하게 되었다. '불가사의'라고 할 수밖에 달리 마땅한 말이 없었다.

더 희한한 것은 그 아이가 내 친구의 모습과 너무 닮았다는 점이다. 그래서 동네에서는, 아니 그의 친인척들도 그와 딴 여자와의 사이에서 난 아이라고 아직까지 믿고 있다는 것이다.
 그러나 그들 부부는 이웃이나 친척들의 그런 생각을 한번도 잘못된 것이라고 말하지 않았다고 한다. 그 바람에 동네 부인들한테 친구가 손가락질을 받는 억울함(?)을 당하고 있다며 크게 웃었다.
 '영혼의 맺음'이 인연으로 나타났으며 이는 피를 나눈 부모형제지간의 그것 못지않은 그 무엇이 있음을 또한 믿지 않을 수 없었다.

'기적'에 대한 해석

얼마전 B시에 다녀 온 이야기를 신문 컬럼란을 통해 소개했더니 비슷한 사연을 가진 사람들로부터 확인전화를 많이 받았다. 이번에도 인연, 특히 부모자식간의 영적 인연에 대한 얘기를 소개할까 한다.

지난 번의 이야기는 비록 피를 이어받은 자식은 아닐지라도 보이지 않는 섭리에 의해 현생에서 부모와 자식으로서의 연(緣)을 맺을 수 있었다는 사연이었다.

역시 B시에 전자회사를 경영하는 이모씨와 그의 부인 문모씨 사이에는 결혼한 지 10여년이 지나도록 자식이 없었다.

용하다는 병원 등을 백방으로 찾아다니며 치료도 받아보고 영험하다는 명산대찰에서 기도도 해봤지만 별 수가 생기지 않았다. 결국 거의 포기상태에 있었다.

우선 의학적으로 불가능하다는 '선언'을 받은 터라 기대를 하지 않고 지내고 있었던 것이다.

필자는 그 부부를 만난 것은 그 무렵이었다. 그러나 필자가 본 그 부부 사이에는 분명 소생이 있을 것 같은 어떤 예감이 문득 떠올랐던 것이다.
 그래서 그들에게 희망을 갖고 기대를 해도 될 것이라는 말을 해줬다. 그들 부부로서는 도무지 믿기지 않는 한낱 허언에 불과했을 터이지만 필자로서는 분명 영적 계시를 느낄 수 있었다.
 그런·얼마 후 뜻밖에 문여인에게 태기가 있다는 소식을 전해 들었으며 결국 귀여운 공주를 생산했다는 쾌보를 접할 수 있었다.
 그들 부부는 딸을 낳은 것을 하나의 '기적'으로 여기고 생의 보람을 다시한번 만끽하며 살아가고 있다. 벌써 7,8년 전의 일이다.
 기적이란 일반적인 상식이나 흔히 말하는 과학적 지식으로는 해석이 불가능한 사태가 생기는 것을 말하지만, 따지고 보면 '있을 수 없는'일이란 정작 있을 수 없는 것이다.
 불가사의한 일을 기적과 같은 범주에 넣어 생각하는게 보통인데, 비록 현생이라는 단위 시한에 국한해서 보면 기적과 불가사의는 있을 수 있는 일이지만, 과거·현재·미래를 통털어 볼때 해석이 안되는 '기적'이나 '불가사의'는 없다.
 보이지 않는 세계를 흔히 영적 세계로 일컫는다면 이는 현생 이전의 전생과, 현생 이후의 내생(來生)을 주관하는 또 하나의 세계라는 것이 이 분야를 연구하는 이들의 견해이다.
 전생에서 맺은 인연은 비록 현생에서는 물리적으로 불가능할 것 같지만 어떤 계기에 현실로 드러나는 예가 허다하다.
 사필귀정이라고 할까, 그 부부는 이미 전생부터 딸을 낳을 수 있는 '능력'을 부여받고 있었음이 확실하다.
 다만 그것이 때가 오기 전까지 불가능해 보였을 따름이다.

소녀의 슬픈 눈

이제는 설날로 제이름을 찾은 구정(舊正)이 며칠 앞으로 다가왔다. 이날이 되면 필자는 잊지 않고 챙기게 되는 행사(?)가 있다. 그것은 필자가 겪은 어떤 일에서부터 연유된 일이며, '슬픈 눈을 가진' 어떤 영혼과의 만남에서부터 비롯된다.

경찰공무원이셨던 부친을 따라 필자는 충남 대전에 있는 관사에서 어린시절을 보낸 일이 있다.

어느 날 뒤꼍에 있던 감나무에 매달려 놀고 있었다. 그러다가 어느 순간 등뒤에 누군가 와 있다는 강한 느낌을 받고 고개를 돌렸다. 그때 웬 여자아이가 오두마니 서서 나를 바라보고 있는게 아닌가.

머리는 더벅머리였으나 갸름한 윤곽의 얼굴에 고운 태가 역력한 소녀였다. 생전 처음 보는 여자애가 서 있다는게 뭔가 이상하면서도 나 역시 그녀를 유심히 지켜 보게 되었다.

아무 말없이 그리곤 나는 내가 하던 대로 다시 나무를 붙들고 노는데 빠져들었다. 그러다가 문득 그애 생각이 나서 돌아보았으나 이미 그 자리에서 사라진 후였다. 이상한 예감이 들었다. 그러나 어쩌랴. 그날 저녁 그런 소녀를 봤다는 얘기를 오래 전부터 관사에서 살아온 용인(用人)에게 했다. 그러나 그는 깜짝 놀라면서 '너 정말 그애를 봤니'하며 자세히 말해보라며 보채는 것이었다.

그 애는 일제 때 관사에 살던 일인(日人) 경찰서장이 어디선가 데려다가 몸종으로 부리면서 성적 노리개로 삼았다는 것이다. 그러던 어느 날 소녀는 마굿간에서 스스로 목숨을 끊고 말았다. 그 한 맺힌 영혼이 때때로 나타난다는 것이었다. 어린나이에 두번째로 겪은 영혼과의 만남이었다.

그후 몇 해를 넘긴 어느 가을날이었다. 바로 그 감나무에 먹음직스럽게 열린 감을 따는 등 뒤가 섬뜩해지는 것을 느끼는 동시에 고개를 돌렸다. 소녀가 서있었다. 그 모습 그대로였다.

그런데 왠지 소녀의 눈망울에 슬픈 빛이 담뿍 어려있는게 아닌가. 왜일까. 무엇 때문에 슬퍼하는 걸까. 필자의 마음속에 큰 의문이 고였으나 어쩔 수 없었다. 그녀가 현생의 사람이 아님을 이미 알고 있었기 때문에. 그러나 무서움 같은 것은 없었다. 이미 어떤 정이 교감되는 사이었다고나 할까.

그녀는 이내 사라졌다. 그리고 그 이튿날 필자의 부친께서 세상을 떠나시는 비운을 겪게 되었다.

필자는 그 소녀의 슬픈 눈에 담긴 메시지가 바로 부친의 비보를 알려주는 것이었다고 지금도 믿고 있다. 영혼의 세계에서 전해 주는 메시지. 그후 그녀의 영혼을 위로해 천도해 주었다. 그리고 해마다 설날 차례때 그녀 몫의 수저를 제사상에 가지런히 놓아 주는 행사(?)를 잊지 않고 있다.

미신과 영혼

어디서 어디까지를 미신이라고 하는지는 몰라도 흔히 '종교'의 변두리쯤을 미신이라고 몰아붙이는 예를 보고 겪게 된다.
과학의 입증되지도, 될 수도 없는 것들을 미신으로 규정한다면 이세상은 온통 미신으로 뒤덮여 있을 터이다.
어느 것 하나 속시원하게 과학적으로 해석되고 일상적으로 부딪히는 일인데도 일을 처리하기에 앞서 온갖 잡신(?)에게 기원을 하는 사람들을 보게 되면 우리네 습성과는 맞지 않아 별스럽게 받아들여진다.
우리나라에도 그런 고장이나 사람들이 있지만 다른 나라의 경우, 특히 남방 지역 사람들의 미신적(?) 생활방식은 유별나다. 그런 면에서 섬나라 일본도 손색없는 귀신나라, 미신의 본고장인듯 싶다.
일본사람과 관련된 이야기를 예로 들어본다. 흔히 '아침에 상주를 만나면 재수있다'고 하는 말을 우리들 주변에서 듣게 된다. 그러나 사람 죽은 것을 직접 보거나 그 장소는 꺼리게 마련인 것이 우리네 습성이다. 그러나 일본인들은 전혀 다르다.
 10년전 부산 해운대 모 호텔에서 신혼부부가 자살한 사건이 있었다. 그날 바로 그 옆방에 일본 모 회사소속 바이어가 투숙해 있어서 그 자살소동을 잘 알고 있었다.
 그런데 그 다음날 날이 밝자마자 프런트로 찾아온 일본인 바이어가 바로 신혼부부가 자살한 방을 고액을 주고 빌리는 것이었다.
 우리네 '상식'으로는 도저히 용납이 안되는 일이었다. 방을 빌린 일본 바이어는 그날로 본사에 연락을 했고, 그 다음 날 그가 속한 모 회사의 회장이 급거 내한했다.
 그런데 더 알 수 없는 일이 벌어졌다. 바로 그 방에 투숙한 일본인 회장은 향불을 피워 놓고 염주를 굴리면서 죽은 신혼부부를 위해 기원을 하는 것이었다.
 국적도 다르고 이름도 얼굴도 모르는 사람들의 영혼을 기리는 일본인들의 그같은 행위가 어찌보면 깊은 종교적 행위같기도 하면서 한편으로는 궁극적 목적이 자기 자신의 영달을 위한 지극히 이기적인 미신행위같기도 했다. 그러나 그들은 그런 행위가 퍽 상서로운 일이며 이로 말미암아 '낯선' 영혼이 천도되고 본인 스스로도 모든 일이 잘 풀리는 좋은 기회라고 믿고 있는게 분명했다. 미신의 나라 국민들 답다는 생각이 불현듯 떠올랐다.
 그후 그 일본인들이 얼마나 잘됐는지 알수 없었으나 돌이켜 생각해도 그들의 행위에는 상당한 일리가 있다고 여기게 된다. 미신이기 전에 영혼을 천도한다는 것은 한 인간을 바른길로 인도해 주는 것과 다를바 없기 때문에 이른바 '복'받을 일이 아닐 수 없다.
　따라서 사람이 죽는다는 것, 그 현장을 목격하고 어쩌면 자신이 당한다는 것 자체를 생각할 때 '생'과 '사'는 서로 떨어져 있는 것이 아니라 늘 함께 붙어있는 것일 수 밖에 없다.
　생사가 곧 같은 것일진대 영혼을 위한 천도는 산사람의 의무일 수도 있다. 다만 그것이 산사람의 영달과 이기적인 목적으로 비롯된다면 곧 '미신적' 행위일 터이다.

알 수 없는 세계

'알다가도 모르겠다'라는 말이 있다. 이 말에 어울리는 경우가 바로 영의 세계인 듯싶다.

근자에 들어 영의 세계를 연구하는 사람들과 나라들이 부쩍 늘어나고 있다. 그것도 첨단과학을 응용한 체계적인 연구를 통해 영의 세계에 접근하는 추세를 보이고 있다.

적당히 이론적 접근만으로 행해졌던 이 분야에 대한 연구 형태는 이미 지난 시대의 이야기이고 오늘날에는 차원을 달리해서 과학적 연구를 통한 실증적 결과가 응용하는 단계로까지 발전하고 있다.

이같은 현대적 연구가 진행되고 있음에도 불구하고 이 세계를 연구하는 사람들의 공통된 견해는 '알다가도 모르겠다'는 것이다. 그럴수록 깊이 빠져드는 것도 재미있는 현상이다.

필자의 경우도 '알다가도 모르는' 독특한 체험을 끊임없이 해오고 있다. 특히 고급영(靈)을 접할수록 신비로운 세계에 대한 경이로움과 함께 '무한성' 즉 '알 수 없는 세계'를 깨닫게 된다.

굳이 얘기한다면, 현상세계에서 우주에 대한 호기심이나 우주에 대한 신비로움과 같다고나 할까. 아무튼 알려고 할수록 알 수 없는 세계가 곧 영의 세계이다.

하루는 자녀들에 인도되어 눈먼 노모(老母)가 찾아왔다. 천도되지 못한[후에 알 수 있었다] 그분의 시어머니와 친정아버지를 위해서였다. 영혼의 세계를 탐험[구명시식]하면서 그들의 비밀(?)을 알 수 있었다. 그분의 시어머니는 시아버지의 심한 구박에 의해 매맞아 죽다시피한 비극적 사연을 안고 있었으며, 친정 아버지는 부인을 6명이나 둔 호걸(?) 타입의 사람이었으나 3명의 부인이 자살을 했을 만큼 요즘들어 사생활이 복잡한 분이었음을 알게 되었다.

그들의 영혼은 이른바 구천에서 떠돌고 있었다. 한맺힌 영혼이라고나 할까. 그들의 이 같은 한이 며느리이며 딸[눈먼 노모]에게까지 맺혀 영적 괴로움을 겪게 했던 것이다.

그분의 자녀들이 '노모의 소원'을 풀어드리기 위해 필자를 찾아왔던 것이다. 일련의 탐험(?)을 하면서 그리고 또 끝낸 다음, 필자는 가슴에 와닿는 '알 수 없는 의문'을 맛보아야 했다.

얼마 전에 상영된 〈사랑과 영혼〉이라는 영화가 소위 영혼과의 사랑을 그렸다고 해서 화제가 되고 있다. 한편의 러브 스토리를 독특한 소재로 그렸음직 한데, 영혼의 세계에는 그런 '아름다움'뿐만 아니라 처절한 한이 맺힌 사연도 허다하다.

어지러운 세태를 보듯 보이지 않는 세계에도 뒤틀린 사연이 허다하다는 것이다.

과학적 접근과 규명에도 어쩔 수 없는 미지의 세계가 펼쳐져 있는 것이다.

3월에 생각나는 사람

매년 3월이 되면 잊지 못할 일이 생각난다.
4년 전 어느 날 신도 한분이 필자를 찾아왔다. 불치의 병으로 알려진 백혈병으로 병원에 입원해 있는 자신의 조카를 위로해 달라는 부탁을 하기 위해서였다. 그분을 따라 환자가 입원해 있는 병실을 방문했다.
빼어난 미모의 여성이었다. 첫눈에 그녀의 생명이 보름쯤 밖에 안남았음을 직감했다. 뭐라 위로의 말을 건넬 수 없을 만큼 착잡함을 느꼈다.
"법사님, 저도 제병이 불치의 병인줄 알고 있어요. 집안 식구들은 제가 모르는 줄 알고 있지만…"
"다만 고통없이 눈을 감을 수 있도록 기도해 주세요."
망연자실해 있는 필자에게 그녀는 의외로 차분한 어조로 간청하는게 아닌가. 나는 문득 내가 가지고 있던 단주〔염주〕를 그녀의 야윈 손에 꼭 쥐어 줬다.
"지금은 꿈을 꾸고 있는 겁니다. 나쁜 사람한테 쫓기는 흉몽을 꾸고 있는 거나 같습니다. 아무런 고통도 없을 거예요. 안심하세요."
"법사님 감사합니다."
그녀는 해맑은 웃음을 지어 보였다. 그리고 말을 이었다.
"그런데 법사님, 저는 아직 결혼을 안했거든요. 제가 죽은 뒤 좋은 분 있으면 결혼을 할 수 있도록 주선해 주세요."
영혼결혼식을 해달라는 말이었다. 나는 흔쾌히 약속했다. 그리고 그녀는 짐작했던 대로 보름 후 세상을 떠났다. 아무런 고통없이 편안히 눈을 감았다는 말을 가족들로부터 전해 들었다.
그 후 또 다른 신도의 아들이 그녀가 죽기 2주 전에 교통사고로 타계했다는 소식을 들었다. 나는 그 두 사람의 영혼결혼식을 주선했다. 양가에서도 흔쾌히 받아들였다. 날을 잡아 두 사람의 사진을 나란히 놓고 혼인식을 올렸다.
나는 식을 올리던 도중 그들을 위해 축가를 불러주고 싶은 생각이 떠올랐다. 그래서 당시 유행하던 가요 중에서 '사랑이여…'라는 곡을 직접 불러 주었다.
식에 참석했던 양가 친지들은 불교의식과는 전혀 다른 내 노랫소리에 놀란 눈을 하면서도 참 좋았다고 입을 모았다.
더욱 놀라운 것은 그날밤 꿈속에서 그들을 볼 수 있었던 것이다. 꿈에 나타난 부부(?)는 고맙다는 말을 계속하면서 행복하다고 전해 주는게 아닌가. 그뿐 아니라 그들은 혼인식 때 내가 불러준 노래가 살아생전에 자신들이 좋아하던 곡이었다고 말하고 있었다. 죽어 관속에 안치될 때도 필자가 건네 준 단주를 꼭 쥐고 영면했다는 처녀. 해마다 3월이 되면 잊을 수가 없다. 고통없이 죽게 해달라던 그 목소리와 함께….

스스로 돕는 자

 영혼의 존재를 믿는가 안믿는가는, 소위 신을 믿는가 안믿는가와는 성격이 다른 질문이다.
 이를 확대 해석해서 '유신론자와 무신론자'로 단정하는 것은 매우 위험한 발상이다. 눈에 보이는 것은 믿고 눈에 안보이는 것은 믿을 수 없다는 것이 이른바 '과학적 신앙'이라고 성급하게 생각하지만 이것 역시 올바른 발상이 아니다.
 이제는 영혼의 실상을 맹목적으로 이해하려 들지 않는 지식인은 드물다. 앞서도 여러 차례 말했지만 오늘날에는 이를 유용하게 이용하는 연구가 진행되고 있는 것이다.
 대표적인 무신론 국가인 소련도 심령 연구면에서는 어느 나라 못지 않는 선진국 대열에 들어 있다. 벌써 십년도 훨씬 지난 일이지만 소련의 심령연구 상황을 살펴보기 위해 캐나다의 '쉘라 오스트랜디'라는 사람과 '린 스크로터'라는 사람이 그곳을 방문한 적이 있었다.
 놀라운 사실은 소련에서 영재(英材)교육에 심령학을 응용한다는 것이었다.

즉, 그들은 영계(靈界)에 있는 영인(靈人)들의 협조를 받아 소련의 장래를 이끌어 나갈 재목들을 육성하고 있는 것이다.

구체적인 예로, 대학에서 바이올린을 배우는 학생이 있을 경우 영계에 있는 영인들을 불러오는 전문가가 과거에 유명한 바이올리니스트였던 사람의 영혼〔영인〕을 초혼(招魂)하는 것이다.

초혼된 영혼을 그 학생에게 빙의(憑依)시켜 그대로 그 기량을 구사해 낸다는 것이다. 이것을 계속 되풀이 하면 어느 과정에 가서는 영적인 도움을 받지 않고서도 영혼의 수준에 버금가는 기량을 발휘할 수 있다는 것이다.

그 수준에다가 현대적 기술을 배가하면 보다 진보된 수준을 개척해 나갈 수 있게 된다.

육신을 쓰고 현세에서 살고 있는 사람들과 육신을 이미 벗고 영계에서 살고 있는 혼백이 서로 협력할 때 한 가정, 한 나라, 나아가 인류 전체는 한 차원 더 발전해 나갈게 확실하다.

이처럼 영계에서 지도하고, 혹은 빙의에 협조하는 영인들을 배후령(背後靈) 또는 지도령(指導靈)이라고 한다.

이들의 힘을 빌리기 위한 첫번째 조건은 자기의 마음부터 닦아야 한다. 바른 생활, 바른 습관을 가져야 하며 남을 시기 질투하거나 악행을 외면하면 안되는 것이다.

모든 일에 적극성을 보이고 긍정적 사고방식을 가지며, 가정과 직장에서 최선을 다해 일하고 봉사하는 사람에게서 이른바 '고급령'의 도움을 받는 것을 보게 된다.

'하늘은 스스로 돕는 자를 돕는다'는 말은 바로 이런 경우를 두고 하는 말이 아닐 수 없다.

영혼의 화해

7년 전에 불행하게도 피살당한 김정률이라는 분이 있었다. 그를 죽인 사람은 '전인동'이라는 사람으로 돈 5백만원을 빼앗기 위해 살인을 한 것이다.

결국 전씨는 사형선고를 받고 형장의 이슬로 사라져 버렸다.

4년 전, 김정률씨의 아우되는 사람이 필자를 찾아와 구천에서 떠돌 형님의 영혼을 위로해 달라는 간곡한 부탁을 하는 것이었다. 그래서 구명시식을 하기에 이르렀다. 그 자리에는 김씨의 남동생과 여동생, 그리고 다른 일로 법당에 와 있던 노파한 분이 있었다.

의식이 한창 진행중이었다. 어느 순간 함께 자리에 있던 노파가 갑자기 큰소리를 지르면서 양팔을 휘두르는 게 아닌가. 옆에 앉아 있던 김씨의 여동생이 혼비백산해서 몸둘바를 몰라 했고 동석했던 모든 이들도 놀라움을 금치 못했다.

빙의현상이 나타난 것이다. 노파에게 사형당한 전인동씨의 영혼이 옮아붙은 것이다.

김정률씨의 영혼을 부르자 전씨의 영혼도 함께 온것까지는 좋았는데 하필 자리를 함께 한 노파에게 빙의된 것이다.

　두 영혼은 그 자리에서도 싸우고 있었다. 가해자와 피해자였던 전생〔그들에게는 살아있던 현생〕의 업보를 그대로 안고 구천을 떠돌면서 끝없는 싸움을 계속하고 있었다.

　그러다가 마침 구명시식을 하자 김정률씨의 영혼만 와야 할 자리에 전씨의 영혼도 따라 온 것이다. 그래서 그 자리에서도 영혼끼리 싸움이 벌어진 것이다.

　김씨의 영혼은 '네가 왜 왔느냐!'는 것이었고, 전씨의 영혼은 '나도 함께 얻어먹으러 왔는데 뭣이 어떠냐!'는 당당한 주장이었다.

　가해자로서의 죄책감이라든가 미안해 하는 기색은 조금도 없었다.

　더욱 놀라운 사실은 전씨 영혼의 고백을 통해서 알 수 있었다. 즉 자신(전씨)은 '김씨를 죽은 댓가로 사형을 당했고, 그래서 가해자가 되고 말았지만 그 전전생(前前生)에서는 김씨가 나를 죽인 가해자였다'는 것이었다.

　'그러니 김씨를 부르는데 내가 못 갈 이유가 없다'는 당당한 주장이었다.

　필자는 기막힌 두 영혼의 악연(?)을 알게 되었으며 그들을 위해 법문을 지어 정성껏 위로했다. 그리고 한마디 말을 덧붙여 화해를 권했다.

　"서로 주고 받았으니 이제는 화해하시는게 좋지 않겠습니까?"

　그러자 그때까지 고함을 치며 싸우는 형상을 하던 노파가 제

정신을 되찾고 조용해졌다. 언제 그랬느냐 싶게….

잊을 수 없는 구명시식이었다.

그들은 인간의 법에 의해 가해자가 되고 피해자가 되었지만 '하늘의 법'으로는 어느 누구도 죽고 죽인 죄가 없음을 알려주고 있었다.

영혼의 화해를 보면서 인간의 삶을 다시 한번 되돌아보게 되었다.

5년전, 3월의 일

어느 종교나 막론하고 첫 입문교리(入門敎理) 제 1장은 '믿음'이다.

우선 '믿으라'는 것이다. 그러나 초신자에게 무작정 믿으라는 교리는 황당무계할 수밖에 없다.

'알지도 못하는데 어떻게 믿으라는 것이냐'는 반발심이 울컥 치미는 것이다. 그래서 '어떻게'를 요령있게, 그리고 친절하게 가르쳐 주느라고 열심이지만 쉽게 납득하는 사람은 만에 하나도 없을 터이다.

그래서 초신자들을 납득(?)시키기 위해 생겨난[만들어 낸] 교습요령 제 1장 1절이 '알아서 믿는게 아니라 믿어서 아는 것'이라는 내용이 되게 마련이다.

상당히 고압적인 교습방법이긴 해도 이보다 적당한 것은 없는 성싶다. 사실 대부분의 사람들은 '알아야 믿겠다'는 자기방어적 심리상태를 유지하려고 안간힘을 쓰는 예가 허다하다.

그런 사람을 붙들고 만리장성식 교리를 설파하기란 여간 힘든 일이 아니다.

믿음이란 마음속에 가둬놓기가 퍽 어려운 법이다. 그것을 타인의 가슴에 억지로 이입시키기는 더욱 난해할 수 밖에 없다.

필자가 천도의식을 처음 한 것은 5년 전 3월이었다. 마침 그 날은 법회식이 있던 날이기도 해서 많은 내방객들이 있었으며 이 자리에 어느 여자 한분도 참석했다.

여러 가지 일을 부지런하게 해서 상당한 치부(致富)를 한 분이었으나 한 눈에 중병에 걸린 것을 알 수 있었다.

역시 그녀는 뇌암이라는 진단을 받고 수술날까지 받아놓은 그야말로 집행일을 알고 있는 사형수나 다름없는 상태였다.

간절한 소망은 '오직 살려만 달라'는 것이었다. 애써서 모은 재물도 한낱 물거품에 지나지 않았다. 며칠 후 있을 수술도 할 수 없이 받는 것이지 자신이 깨어날 희망은 0.1%도 없다고 믿고 있었다.

그녀의 굳은 '믿음'에 필자도 난감했다.

그러나 그녀의 모든 것〔영적인 것을 포함한〕을 볼때 결코 유명을 달리할 까닭이 없어 보였다.

"부인 아무 걱정 마시고 수술을 받으십시오. 다만 그동안 부인께서 모은 재산을 당신이 어려울 때 도움을 줬던 분에게 흔쾌히 주십시오. 그분이 지금 어려운 처지에 있으니 이제는 부인께서 도와줄 차례입니다."

그녀에겐 그녀가 심히 어려울 때 도와준 남자가 있었다. 그러나 지금은 아주 어려운 처지에 빠져 누군가의 도움을 받아야 할 처지에 있었던 것이다.

그런 사실을 알면서도 그녀는 자신의 재물이 아까워 외면을 하고 있던 참이었다.
 또 그녀의 부친이 구천에서 떠돌고 있음을 알 수 있었다. 그래서 천도의식을 하게 되었으며 필자의 권유로 그녀는 많은 재산을 떼어 자신을 도와줬던 남자에게 돌려줬던 것이다.
 "믿으면 소생할 수 있습니다. 걱정마십시오."
 수술대에 오르는 그녀에게 필자가 한 말이었다.
 그녀의 수술결과는 의외의 결과를 낳았다. 뇌암으로만 알았던 병이 머릿속에 물혹이 조금 나 있었던 걸로 수술 결과 밝혀졌다.
 '관세음보살만 되뇌인다고 되는게 아니라 믿는 것이 중요하다'는 법문이 아직도 생생한 장면이었다.

영계(靈界)의 도움

 이 글을 쓰면서 독자들로부터 받은 문의중 가장 많은 것은 '어떻게 하면 영계의 도움을 받을 수 있느냐'는 것이었다.
 또 인척간에 얽히고 설킨 사연때문에 혹시 유명을 달리한 아들과 어떤 한(恨)이 맺혀 있는게 아닌지 모르겠다는 '염려'를 물어오는 것이었다.
 죽음은 삶의 거울일 수 밖에 없다. 사후(死後)의 '내'가 어떻게 될 것인가를 아는 방법은 간단하다. 내가 어떻게 살아왔는가를 돌이켜 보면 이내 알수 있기 때문이다.
 삶이 죽음으로써 끝난다는 생각은 차츰 부정적으로 받아들여지고 있다. 죽어서도 나라는 존재는 지속된다는 생각이 긍정적으로 받아들여지고 있다는 뜻이다. 종교가 사후의 세계[나의 세계]를 긍정적으로 갖게 하는데 큰 역할을 해주고 있다. 사후를 대비하는 것이 종교의 임무중 하나이기 때문이다.
 거기서 한발 더 나아가 나를 있게 해준 조상들의 영혼으로부터 어떻게 하면 도움을 받아 삶을 풍요롭게 할 수 있을까를 묻는 이들이 많아지고 있음을 알 수 있다.

약 1개월 전, 하반신을 못 쓰는 청년이 휠체어에 실려 찾아
왔다. 고등학교를 졸업하던 해 갑자기 척추에 이상이 생기면서
손쓸 사이도 없이 불구의 몸이 되었다는 사연이었다.
　표정만으로 절실함이 넘쳐 흘렀다. 한창 일한 나이에 운신을
못하고 남의 손에 의지해 생활을 해야 하니 오죽하겠는가.
　정성을 다해 그의 조상들과 통신을 해 나갔다. 얼마나 시간
이 지났을까. 문득 검은 옷을 입은 영혼이 청년의 국부를 걷어
차는 소리를 들었다. 순간 청년의 입에서는 비명이 터져 나왔
다. 얼마 후 혼수상태에서 깨어난 청년의 입에서는 긴 한숨이
터져 나왔다. 온몸은 땀투성이었다.
　검은 옷을 입은 영혼은 청년의 선대를 도와 가문을 일으켰던
집사였다. 그러나 그의 공을 업수이 여기 청년의 선대가 홀대
하는 바람에 한을 품고 병들어 죽었던 것이다. 그 한이 멀쩡한
청년에게로 옮겨져 불구의 몸을 만들었던 것이다.
　선대의 잘못이 후세에 이어진 예인 동시에 영계의 도움으로
어려움을 해결한 경우이기도 하다.
　'척을 지지 말고 살아야 한다'는 어른들의 말씀은 언제까지나
우리의 삶에 교훈으로 삼을 만하다. 나의 잘못됨은 나 하나로
끝나는 것이 아니다. 나의 후세들에게까지 이어져 전혀 예상치
못하는 결과로 빚어진다는 것을 잊어서는 안된다.
　조상의 덕을 보기 위한 방법은 아주 간단하다. 그들을 위해
정성을 다하면 되는 것이다. 그들이 살아 생전에 잘한 일은 빛
이 나도록 기려야 하고 못한 일은 후손으로서 사죄하는 행위를
하면 되는 것이다. 심은대로 거둔다는 철리(哲理)를 명심하자.

영혼의 모습

 흔히 '영혼'에 대한 얘기를 할 때면 간혹 모르는 것을 알아맞
히다거나 앞날을 예언하는 능력을 일컫는 것쯤으로 이해하는
사람들이 적지 않음을 안다. 그러나 그런 것들은 부차적인 것
일 뿐, 영혼의 세계를 이해하고 현생을 어떻게 살아야 하는 것
인가를 생각하고 닦아 나가는 것임을 알아야 한다.
 개인의 과거나 미래를 알고 싶으면 복술가를 찾아 상의해 보
면 알 수 있을 것이다. 그 내용을 믿을 수 있는 것인지 또는 믿
지못할 허언인지는 순전히 개인의 생각하기에 달려 있다.
 '생각'이라는 것이 개인이나 국가의 운명을 좌우하는 결정적
인 요인이 되는 것이다.
 개인의 '생각'여하에 따라 한 가정이 부귀영화를 누릴 것인지
아니면 패가망신할 것인지가 가름된다. 또 한 나라의 운명도
지도자의 생각 여하에 따라 큰 차이를 갖게 된다.
 만약 이라크에 '사담 후세인'이라는 지도자가 없었다면 다국
적군에 지리멸렬돼 수많은 국민이 고통을 받지 않았을 것이다.
 개인이나 국가를 지배하는 것은 다름 아닌 '생각'일 터이다.

그런 생각의 실체는 무엇일까? 영혼이 아니겠는가.
　영혼은 어디서부터 근원이 되어 생성하고 소멸되는 것일까? 육신과 영혼은 별개의 것일까 아니면 둘이 하나일까….
　수많은 사람들에 의해 이 의문은 한꺼풀씩 벗겨지고 있다.
　영혼은 육신을 떠나서도 존재하는 분명한 실체이고 그들만이 존재하는 또 다른 세계가 있음은 여러 가지 상황에 비추어 볼때 확실시 되고 있다는 것이다. 그렇다면 영혼을 지배하는 또 다른 존재는 있는가 없는가? 새로운 의문이 생기게 된다.
　이에 대한 해답에는 여러 가지 주장이 있다.
　그중 하나가 인간에 의해 지배될 수 있다는 것이다. 지배된다는 것은 영혼을 부르고, 부리고(使用) 할 수 있다는 뜻이다. 방법은 의외로 간단하다.
　'내가' 바르면 영혼도 바르고 '내가' 굽으면 영혼도 굽을 수 밖에 없다는 논리가 그것이다.
　영혼은 곧 나의 모습일 수 밖에 없다는 것이다. 내가 영혼을 불러 일을 도모하고자 하면 바른 모습이 삶을 살면 된다는 것이다.
　삶의 아름다운 모습대로 영혼도 그런 형상을 닮아간다는 것은 새로운 이야기가 아니다. 우리네 선조들이 또 선각자들이, 성인들이 늘 가르쳐 준 그대로일 뿐이다.
　희로애락과 오욕칠정 속에서 우리의 영혼도 성장(?)해 나가지만 전체적인 삶이 어떠했는가에 따라 그 모습이 결정된다는 것을 알아야 한다. 바르게 사는 삶, 그것은 인간의 지고(至高)한 목표일 수 밖에 없다.

보이지 않는 끈

 부모자식 간에는 보이지 않는 그 무엇이 있어서 신변에 변고가 생기면 독특한 영적 교감이 오가는 예가 있다.
 전날밤 꿈자리가 뒤숭숭하다거나 자기도 모르게 알 수 없는 이상 행동을 하거나 혹은 환상이 떠오르기도 한다. 사람에 따라 다르지만 어떤 이들은 환청(幻聽)을 듣고 동기간의 행·불행을 예고하는 경우도 드물지 않다.
 유별나게 예시 능력이 발달한 사람도 있어 보통 사람들을 놀라게 하거나 특별한 행동으로 주목을 받는 예도 없지 않다.
 이런 예시 능력은 부모형제, 동기간, 친구, 부부 사이에서 흔히 일어나고 그밖에 전혀 모르는 사람에 대한 어떤 현상을 예시하는 능력을 가진 사람들도 많다.
 그 가운데 스탈린과 인연을 맺었던 소련의 유명한 4차원 능력 보유자 '울프·G·멧싱'을 들 수 있다.
 1899년 9월 10일, 러시아 지방 도시에서 태어난 멧싱은 유태계 폴랜드 사람으로 알려지고 있다.
 그의 명성이 널리 알려지자 어느 날 극장에서 공연을 하던 멧싱을 스탈린이 강제로 불렀다.
 '자네가 초능력이 있다고 들었으나 믿을 수 없네. 과연 능력이 있다면 모스크바 국립은행에 가서 10만 루불을 훔쳐 오게.'
 스탈린의 명령이 떨어지자 멧싱은 곧장 모스크바 은행 출납계로 달려가서 은행원에게 노트를 찢어서 건네 주었다. 그러자 은행원은 금고에서 10만 루불을 꺼내서 잘 포장해 멧싱에게 건네 주었다.
 염력파를 이용해 상대방의 마음을 움직이게 하는 방법을 썼던 것이다. 멧싱은 이미 어렸을때 부터 이같은 초능력을 발휘할 수 있었던 것이다.
 스탈린은 멧싱의 능력을 그래도 믿을 수 없어 두번째 시험을 했다. 크렘린은 궁전의 한 방에 멧싱을 가두고 아무도 모르게 빠져나와 보라고 했던 것이다.
 멧싱은 하룻밤만에 유유히 빠져나왔던 것이다. 시공을 초월하는, 말 그대로 초능력을 보여 줬던 것이다.
 다른 사람의 마음을 읽고, 조종하는 능력이나 벽을 투과하고 시간을 움직이는 식의 능력은 인간의 힘만으로는 불가능하다. 따라서 단순히 반복된 훈련만으로도 불가능하다.
 영적〔영혼〕능력과 보이지 않는 세계와의 교감에서만이 가능하다. 부모, 형제, 부부간에 보이지 않는 인연의 끈이 있는 것 같이 영혼의 세계와의 어떤 교감이 인간을 더욱 능력있는 영장으로 발전시킬 수 있다고 믿는 이들이 늘어나고 있다.

뉴욕에서

최근 필자는 뉴욕에 있는 모신문사의 초청으로 미국을 방문할 기회를 가졌다.

수많은 교포들은 물론 미국인들과도 만날 수 있었다. 한국과는 전혀 다른 생활환경 속에서 사는 사람들이었기에 그들의 정신생활과 관심사가 무엇인가에 호기심을 갖고 대화를 나눴다.

뜻밖에 그들에게도 한국에서 흔히 접할 수 있었던 영혼문제가 논의되고 있었다. 사람이 산다는게 양의 동서를 막론하고 비슷하다는 생각이 들어 고소를 금치 못했다.

그곳에서 미국인과 결혼한 K여인의 방문을 받았다.

"당신 남편의 몸에 이상이 있군요."

그녀를 처음 본 순간 나도 모르게 그런 말을 하게 되었다. 그녀의 표정이 어둡고 안색이 좋지 않아 누구라도 그렇게 밖에 볼 수 없을 정도였다.

나는 그녀의 남편에 대해 '보이는 대로' 일러 주었다. 그녀의 미국인 남편은 현재 병들어 있는데 그 까닭은 알콜 중독으로 죽은 그의 할머니 때문일 뿐 아니라 그녀 가족 중에 한날 한시에 세상을 떠난 이들에 대한 천도를 하지 않았기 때문이라고 말해줬다.
 그 말을 들은 그녀는 그 자리에서 남편에게 전화를 걸었다.
 "여보, 당신 할머님이 왜 돌아가셨다고 했죠?"
 "나의 할머니는 알콜중독으로 돌아가셨소. 벌써 오래된 일인데…"
 여인은 놀라움을 금치 못했다.
 그뿐 아니라 자신의 집안에는 한날 한시에 죽은 사람들이 있다는 것을 인정했다. 6·25때 그녀의 할아버지와 아버지 그리고 삼촌이 폭격을 당해 한자리에서 목숨을 잃었다는 것이었다.
 나는 그들을 위해 천도의식을 올려 주고 구천에서 떠도는 영혼을 위로했다. 그리고 그녀의 고국인 한국에서 그녀의 가족들을 위해 등을 달아줄 것을 약속했다.
 영혼의 세계에는 국적도 국경도 없는 것임을 알 수 있었다. 더구나 마음의 위로를 받기 위해 각종 오락과 취미를 비롯해서 종교의 힘을 빌리고 있으나 빈 가슴을 채우기에는 부족하기 이를데 없는듯 했다.
 경제적으로 또는 생활에 필요한 제반 여건을 갖추고 있어 겉으로 보기에는 무엇 하나 부족한 것이 없어 보이지만 뭔가 불안한 심적 방황에 갈피를 잡지 못하고 있는 사람들이 적지 않음을 알 수 있었다.
 심적 불안을 가라앉히고 현실 생활의 안정을 기하기 위한 영혼과의 교제가 이루어져야 하며 이같은 분위기 조성이 필요하다는 것을 알 수 있었다.

방황하는 영혼

　흔한 말로 '죽기보다 살기가 더 어렵다'고 한다.
　통계(?)를 근거로 따져 봐도 그 말이 맞는 성싶다. 제아무리 자살자가 속출한다 해도, 그래도 살고 있는 사람이 훨씬 많으니까 말이다. 그러나 이건 순전히 우스갯소리에 불과하다. 오죽하면 스스로 죽음을 생각하겠는가.
　죽음을 준비하는 사람들은 많다. 비장한 각오로 큰 일을 도모하는 사람이나 영욕이 점철된 일생을 거의 마무리하고 생과 사를 초월한 시점에 이른 사람들도 죽음을 준비한다. 죽음 자체가 전혀 장애물이 안될 만큼 상당한 경지에 다다랐다는 표현이 더 정확할 것이다.
　그러나 다른 선택의 여지가 없는 말 그대로 막다른 골목에 처해 있는 그런 이들의 죽음〔자살기도〕도 있다. 생을 마감해야 하는 순간을 알리는 카운트다운을 이미 스스로 하고 있는 사람과 맞닥뜨렸을 때 그 절박함을 한마디로 형용키 어렵다.
　필자가 뉴욕을 방문했을 때 만난 김모씨도 그런 사람 중 하나였다. 그분이 필자가 묵고 있는 호텔방에 들어서는 순간 무

의식중에 '당신의 주머니 속에 있는 모든 것을 꺼내 놓으시오'
라고 말했다.
 그는 어안이 벙벙해서 몇장의 지폐를 내놓았다.
 "돈이 아니라 당신이 감추고 있는 물건을 내놓으란 말이오."
 그분은 그제서야 필자의 말뜻을 알아차리고 머뭇거리다가
체념한 듯 웃저고리 속에 감춰뒀던 작은 캡슐을 꺼내 놓았다.
청산가리였다. 자살을 결행하기 직전 마지막으로 필자를 만나
러 온 것이었다.
 그분은 뉴욕에서 3년간 시계 수리공을 해서 얼마간의 돈을
모아 그것을 밑천으로 돈벌이가 괜찮다는 노점상(프리마켓)을
했다. 그러나 경험 부족으로 모았던 돈까지 모두 날리고 빈털
터리가 되었다는 것이다.
 이국 땅에서의 빈털터리 신세는 곧 죽음보다 못한 절망 그것
이었다. 다른 일을 해보고 싶은 생각조차 없다는 것이었다.
 그러면서 두고 온 고국, 같은 핏줄을 이어받은 동포가 그리
웠던 것이다.
 "당신은 영생을 믿습니까?"
 "믿지요. 그러니까 괴로운 현생(現生)을 포기하고 저승에서
의 영생을 찾으려는 거지요."
 "그러나 아무리 영혼의 세계가 귀하다고 해도 현생만 못합니
다. 인간임을 포기해서는 안됩니다."
 짧지 않은 동안 대화를 나눴다. 특히 미국이라는 사회가 노
력한 만큼 대가를 얻을 수 있는 자유와 평등의 사회임을 그 스
스로 인정하도록 설득했다. 그리고 영과 육의 조화를 이루고

있는 인간의 존엄성과 인간만이 완전한 삶의 본체임을 일깨워 줬다.

많은 교포들의 생각속에 '미국=물질=행복'이라는 등식이 자리잡고 있는 듯 했다.

때문에 돈이 없으면 불행이요, 낙오자가 된 것으로 쉽게 해석하고 있었다.

어리석음을 저지르고 있는 듯도 했다. 방황하는 영혼을 다 잡아주는 종교 이상의 포용력이 있어야 한다는 생각이 앞섰다.

'집터'에 얽힌 이야기

예로부터 어른들 말씀에 '새집을 짓고 3년 넘기기가 쉽지 않다'고 한다.

쉽게 이해할 수 없는 말이지만 철이 들고 어른이 돼가면서 차츰 수긍이 가는 말임을 알 수 있다.

새집을 짓는다는 것은 사람이 살기 위한 터전을 마련한다는 외에 온갖 미물이 살던 터전을 빼앗는 일이 된다.

내가 살기 위해 남을 해치는 일임이 분명하다. 또 집을 짓다 보면 금전적으로 무리를 하게 되는 수가 흔하고 정신적으로도 많은 스트레스를 받게 된다.

자연히 심신이 고달프게 되고 병에 걸리기 쉽다. 인간이 하찮게 여기는 미물들의 원성(?)이 때로는 적잖은 부작용을 초래케 한다는 것이다.

30년 전, T시에서 명성을 떨치던 검사가 있었다. 가난한 가운데서도 열심히 공부해서 고시에 합격, 바라던 대로 법조인이 되었다.

그의 소원은 좋은 집을 짓고 사는 것이었다. 그는 마침내 원하던 대로 당시로서는 호화주택이라고 할만한 집을 지을 수 있었다.
 건축 비용을 마련하기 위해 그의 부인은 여러 개의 계를 조직해서 계주 노릇을 하게 되었다. 그러나 뜻하지 않게 계가 깨지면서 큰 빚을 떠안게 되었다.
 불행은 또 다른 불행을 낳는다는 말대로 부인은 빚 감당을 못하고 새집의 2층에서 스스로 목을 맸던 것이다.
 그녀의 남편도 슬픔에 겨워하다가 2개월 후 같은 자리에서 똑같이 목을 매고 자살을 했다.
 비극이 잇따르자 그 집은 일시에 흉가로 소문이 나고 말았다. 팔기 위해 내놓았으나 누구하나 거들떠보는 이가 없었다.
 그 소문을 듣고 모 종교 단체에서 그 집을 사들였다. 15년 전 필자도 그곳에서 하룻밤을 머물게 되었다. 소문대로 그 집에서의 잠자리가 편치 않았다. 가위에 눌려 숨이 막히는 등 밤새 고통에 시달려야 했다.
 다음 날 그 집의 내력을 자세히 듣게 되었다. 놀라운 사실은 그 집의 원래 주인이었던 O검사가 작고한 필자 선친과 절친한 친구였던 것이었다.
 그런 사정을 알고나서 필자는 그 집을 관리하고 있던 분과 상의해서 고인들의 명복을 빌어주는 천도제를 올려 주기로 했다.
 혼령을 위로하고 그들의 영면이 편하기를 빌어 주었다.
 그후 그 집터에 큰 교당(敎堂)이 들어서게 되었으며, 많은 이들의 정신적 안식처로 자리잡게 되었다.

인간의 삶에는 보이지 않는 연(緣)이 있게 마련이다. 당장은 아무런 가치가 없어 보이는 일일지라도 사람이 돌아서면 상당한 부피와 무게로 다가서는 경우가 없지 않다.

하찮은 미물일지라도 일단 '나'와 만난다는 것은 엄청난 '사건'일 수 밖에 없다. 한줄기 바람이 '나'를 스치고 지나가기 위해 우주는 섭리로 작용했음을 가끔은 생각해 볼 일이다.

영혼의 미아

사랑과 박애를 부르짖었던 인류의 선각자들의 '마음'은 어떠했는가. 그들의 언행을 기록한 경전을 통해 성현들의 마음가짐이나 추구했던 이상형을 익히 알 수 있다.

예수님은 더도 덜도 말고 어린애 마음 같아야 천국에 갈 수 있다고 했다. 부처님의 마음은 평상심이었다. 아무런 잡념이 끼이지 않은 순진무구한 마음이 부처님 마음이었다.

그런 바탕 위에서만이 위대한 섭리가 존재하는 것이다. 세사(世事)에 시달리고 아집과 편견이 개재된 마음상태에서 어찌 빛나는 진리가 생성하며 얼[정신]로 뿜어져 나오겠는가.

필자가 뉴욕에서 여장을 풀고 여러 날을 지내다가 문득 한인교포들이 많이 살고 있는 LA를 돌아보고 싶었다. 초행길이지만 수많은 동포들이 살고 있다는 데에 큰 힘을 얻어 아무런 부담을 느끼지 않고 곳곳을 구경할 수 있었다.

난생 처음보는 사람들이었건만 오직 모국에서 왔다는 이유 하나로 반갑게 맞이해 주었으며 필자 역시 그분들에게 무엇이든지 도움을 주고 싶은 마음이 절로 생기곤 했다.

세계적으로 유명한 RCA(레코드회사)의 총지배인으로 있던 프랑스계 미국인 K씨도 그곳에서 만난 분이었다. 대화를 나누던 중 그분이 필자에게 제의를 해왔다. LA에는 숫자를 맞히면 거금을 타는 복권이 있는데 염력을 이용해서 그 숫자를 알아내 반씩 나누어 갖자는 것이었다.

실제로 일본에서는 어느 초능력자가 영(靈)과의 교신을 통해 증권 시세를 귀신(?)같이 알아맞혀 졸부가 된 일이 있었다. 이에 힘을 얻은 그는 친구들의 돈을 끌어모아 역시 같은 방법으로 거액을 증권에 투자했다. 그러나 도움을 주던 영력이 어찌된 일인지 거짓말처럼 듣지 않았고 이내 망하고 말았다.

욕심과 불의가 마음에 고이자 마자 신통력을 발휘하던 초능력자는 일시에 무능력자로 전락하고 말았던 것이다.

개인의 욕심이나 사심(邪心)이 앞설때 진실과 진심은 '힘'을 잃고 마는 것이다. 그것은 무슨 일에서든 모두 적용되는 하나의 진리인 것이다.

K씨는 필자의 설명을 쉽게 납득하지 않았다. 그래서 매우 섭섭하다는 표정을 감추지 못했다. 그러나 시간이 흐름에 따라 차츰 이해하기 시작했다.

영과의 교신은 어린아이와 같이 순진무구한 평상심 속에서 이루어지는, 또 누구나 가질 수 있는 능력 아닌 능력이라는 것도 그분은 이해할 수 있었다. 누구든 그런 사실을 잊어버리고 욕심을 앞세울 때 영원히 영혼의 미아가 된다는 사실도 알게 되었다. 개인의 욕심을 채우기 위해 지고(至高)한 진리를 남용할 수도 없고 또 해서도 안된다. 그것이 모두의 마음이어야 한다.

'운명'의 신비

　운명(運命)을 '믿는가', '안믿는가'를 놓고 언쟁을 벌이는 예를 보게 된다.
　사실은 운명을 믿는다는 측 생각을 해보면 인간의 삶이 너무나 단순해지고 모든게 시들해지기 십상이다. 이미 정해진 길이 있는데 뭣 때문에 더 잘살려고 아등바등하겠는가. 세상만사가 재미없어질게 뻔하다는 생각이 들게 마련이다.
　프랑스의 어느 심리학자가 낸 통계에 의하면, 운명을 믿는 쪽보다 안믿는다는 쪽 사람들이 점성술사를 찾는 예가 더 많다고 발표해서 화제가 된 적이 있다.
　아무튼 '운명'에 관한한 영적 능력이 있는 사람이라도 금기사항이 없지 않다. 그 하나는 국가의 운명에 관한 것과 개인의 운명에 대해서 함부로 발설해서는 안된다는 것이다.
　국운을 발설하는 것은 천기를 누설하는 것으로 예로부터 극형감이었으며 개인의 그것도 생명과 직결되는 것이기 때문에 가급적 발설치 말아야 된다는 것이다.
　유명한 영매로 알려진 G씨가 평소 안면있는 O여인의 앞날을 무심코 말해줬다. 그 여인은 딸만 내리 셋을 낳고 네번째 임신 중이었다.
"임신중인 아이가 사내애인 것만은 사실이지만 그 애를 낳으면 당신 남편이 위험하겠소."
정말 무심결에 한 말이었다. 그리고 잊고 지냈다.
그러던 어느 날 영매 G씨의 부인이 수술을 하게 되었다. 그것도 불임수술이었다. 그런데 수술은 잘되었는데도 마취에서 깨어나지 않아 의사도 당황하고 있었다. 그러기를 여섯시간만에 그의 부인은 가까스로 회복되었다. 의사로서도 알 수 없는 일이었으나 다행히 깨어나 한숨을 돌릴 수 있었다.
놀라운 일은 바로 똑같은 시간에 네번째 임신한 O부인이 G씨의 말을 믿고 낙태시기를 훨씬 넘긴 상태에서 여섯시간 동안 태아를 긁어내고 있었던 것이다.
강제로 '죽음'을 당하는 생명의 영혼이 놀랍게도 남의 운명을 발설한 영매의 부인에게 옮겨 붙어 고통을 겪게 했던 것이다.
낙태수술 결과 태아는 역시 남아(男兒)였다. 그러나 어쩌랴! 남편에게 비운이 닥칠 것이라는 '예언'이 있었음에랴.
믿을 수 없는 일은 며칠이 지난 후에 일어났다.
평소보다 퇴근시간이 훨씬 지났건만 남편이 돌아오지 않아 불안하던 차에 전화벨이 요란스럽게 울렸다. 전화를 받은 여인은 소스라치게 놀랐다. 남편이 교통사고를 당해 병원에 있다는 전화였다.
그녀의 남편은 시체나 다름없었다. 의사들마저 고개를 흔들었다. 전신의 뼈마디 마디가 골절돼 있는 데다가 온몸이 성한

곳을 찾아보기가 어려웠다.
 부상 정도가 엄청나 의사들은 도무지 살아날 가망이 없다는 표정이었다. 여섯번에 걸친 어려운 수술 끝에 놀랍게도 그녀의 남편은 생명을 건질 수 있었다.
 '운명'을 미리 안다는 것은 어쩌면 '생명'을 포기하는게 아닌가 하는 생각이 든다.

유토피아

　사람으로 태어난다는 것. 따지고 보면 이보다 더 큰 축복은 없다. 동서고금의 성현들의 말씀 속에도 인간에 대한 존엄성 이전에 '태어났다'는 자체에 큰 의미를 부여하고 있음을 안다.
　생물학적으로 사람이 태어나는 데는 단순히 '확률'이나 과학적 근거로 설명할 수 없는 오묘한 신비스러움이 따른다.
　수십억의 정자 가운데 오직 '하나'가 선택받아 태어난다는 현학적(衒學的) 확률론이 아니더라도 생명과 영혼을 부여받은 인간의 존재는 '신비' 그 자체가 아닐 수 없다.
　흔히 생명의 끝을 죽음으로 단순화 하는 예를 보게 된다. 그런가 하면 죽음을 하나의 새로운 출발이라는 삶의 연장선상에서 해석하는 경우도 없지 않다. 이같은 시각은 종교관에 따라 의미가 달라지는 것도 사실이다.
　그러나 변치않는 본질은 있는 것. 삶을 바탕으로 하지 않는 생사관은 가치를 인정받기 어렵다는 뜻이다. 죽음이 아무리 아름답게 치장된다 해도 가장 보잘 것 없는 삶보다 화려하다거나 찬미될 수는 없다는 점이다.

'생명의 지고함은 삶에 있다', 살아야 무엇이든 된다는 것이다. 생명의 목표는 '이룸'에 있다고도 한다. 산다는 것 자체가 이루어 가는 과정인 것이다. 죽음으로써 이룬다는 주장은 억지일 수도 있다. 물론 종교적인 순교는 '이룸'의 극치인 것만은 부정할 수 없지만 주의나 주장을 고집하기 위한 삶의 포기는 자칫 맹목적으로 흐르기 쉽다는 것이다.
 그런 죽음은 생명을 도구화 하는 인간 경시의 비극일 수 있기 때문에 결코 용납해서는 안된다고 믿는다. 요즘 젊은이들의 죽음을 여러 갈래로 해석할 수 있다. 그러나 분명한 것은 행여 '이룸'을 포기하는 순간적인 판단착오가 아닐까 한다.
 '누가 준 생명인데 멋대로 죽음을 행사하느냐?'는 절대자의 준엄한 질책이 귓전에 쟁쟁하다.
 외로운 영혼의 슬픈 음성이 아울러 들림도 외면할 수 없다. 한줌 흙으로 돌아가서 이룰 수 있는 것이란 남아있는 이들에게 안타까움만 안겨주는 것밖엔 없음을 알아야 한다. 살아서 이루는 과정에 있는 것과 견주어 볼 때 얼마나 큰 차이가 있는가.
 그들의 죽음과 뜻을 기리기 위해 최고의 호칭으로 장식해 주지만 살아있는 이들의 가슴에 맺히는 눈물은 무엇으로 닦아 내겠는가. 젊다는 것의 특권은 왕성한 활동력에 있다고 하지 않는가. 죽음이 주는 상징적인 의미보다 훨씬 윗길인 활동력을 포기하는 행위는 결코 있어서는 안된다.
 정신[영혼]은 육신과 한몸일 때 위대한 미래를 창조하게 된다. 젊은이들이 꿈꾸는 유토피아는 건전한 정신과 건강한 육체가 조화를 이루는 '삶의 영역' 그 이상도 이하도 아니라 믿는다.

'가마골'의 영혼들

몇 년전 옛날 빨치산들의 활동무대였던 전북 순창군 쌍치면에 있는 일명 가마골에 갈 기회가 있었다.
이른바 '빨치산의 메카'라고까지 일컫던 곳이었을 만큼 50년대 초에는 수많은 공비들이 근거지로 삼고 있었던 곳이기도 하다.
6·25 41주년을 앞두고 KBS—TV가 특집극으로 제작중인 다큐멘터리 〈지리산의 울음〉을 촬영하기 위해 가마골엘 가게 되었으며 필자도 동행했던 것이다.
가마골은 필자와도 깊은 인연이 있는 곳이다. 선친께서 빨치산 토벌대장으로 활약하던 무대가 바로 지리산 일대였기 때문에 그 역사의 발자취를 더듬어 기록으로 남기기 위해 10여년 동안 샅샅이 찾아 다녔던 곳이기도 했다.
〈지리산의 울음〉이라는 프로에 필자도 당시의 비극을 증언하는 등장인물로 출연할 기회가 주어졌기 때문에 스탭진들과 동행할 수 있었던 것이다.
아직도 태고의 신비를 머금고 있는 가마골에 접어들자 40여년 전 젊은이들이 생사를 걸고 싸웠던 까닭과 비극적 상황이 필자의 머리를 어지럽혔다.

  이 민족만이 겪어야 했던 참담한 역사적 비극이 선친에 대한 기억과 함께 클로즈업 되면서 형언할 수 없는 감회에 빠져들었다.

  그때 마침, 빨치산들의 아지트를 촬영하러 갔던 사람들중에서 카메라맨이 다리를 심하게 삐어 동료들의 부축을 받으며 내려오고 있었다. 상태가 매우 심각했다.

  나의 첫눈에 빨치산들의 원혼이 빙의(憑依)된 것을 깨달았다. 그래서 온몸의 기(氣)를 모아 아픈 부위에 쏟아부었다.

  얼마후 응급조치를 받은 그는 어렵지 않게 촬영 작업을 계속할 수 있을 만큼 정상을 회복할 수 있었다. 그 덕에 필자는 피곤한 여행을 할 수 밖에 없었다.

  혼백은 무엇인가?

  죽으면 그만인 듯 싶은 생명의 맺음이 수십년이 지난 지금까지도 역력히 남아 심술을 부리는 까닭과 근원을 어떻게 설명해야 할 것인가?

  그들의 맺힌 한을 한줄 경문으로 달랠 수 있다면 당장이라도 하겠지만 우리네 맺힌 역사가 그리 간단하지도 않을뿐더러 아직도 풀지 못하고 있는 남북의 응어리가 엄존해 있는 이상 누군들 젊은 넋을 위로할 수 있단 말인가.

  가마골을 빠져나오면서 한숨처럼 뿜어져 나오는 '알 수 없는 넋'의 이환현상을 느끼면서도 필자는 남몰래 평온을 가장할 수 밖에 없었다.

  언젠가는 그들의 외로운 혼을 보란 듯이 달랠 날이 올것이라는 믿음을 키우면서….

영혼과의 대화

오래 전에 방영되었던 TV연속극 중에 〈서울뚝배기〉라는 프로가 있었다. 극중에 오지명씨가 가끔씩 아버지와 대화(?)를 나누는 장면이 나온다. 그러나 산사람과의 대화가 아닌 작고한 아버지의 영정을 올려다 보고 하는 일방적인 대화로서 극적 효과치고는 독특한 일면이 있는 것으로 시청자들의 웃음을 자아 내게 했다. 특히 그 프로에 코믹한 요소가 많아 오지명씨의 그런 연기는 재미를 더해 주고 있다.

인간은 기구(祈求)의 대상을 만들기 좋아한다. 예수나 석가는 '형상을 만들지 마라'고 했다. 그릇된 신앙심을 경계해서 한 말일 터이다. 그러나 사람들은 나무나 돌로 혹은 그림을 그려 그분들의 모습을 재현해 놓고 거기에다 대고 엎드려 절하고 두 손 모아 기도를 드리고 있는 것이다.

그러한 행위가 잘못된 것이라고 말할 수는 없다. 바른 형상을 만들었느냐에 따라 잘잘못이 가려지겠지만, 그렇지 못한 경우가 흔하기 때문에 문제가 되는 것이다. 흔히 사교(邪敎)에서는 '위대한 영혼'의 형상 외에 얼토당토 않은 행각을 일삼아 뭇

사람들을 현혹하기 일쑤이다.
 특정인의 야릇한 행태를 따라서 하거나 괴상하기 짝이 없는 주문을 외우게 해서 종교의 참뜻을 왜곡되게 하는 것이다.
 그런가 하면 토속신앙 등에서 흔히 찾아 볼 수 있는 토테미즘이나 샤머니즘적 요소들이 종교적 의식으로 전래되어 오는 경우도 흔해서 하나의 생활풍습으로 굳어진 예도 많다.
 혼례청에 산(山)닭을 등장시키는 것도 그런 예 가운데 하나다. 닭은 잡귀를 몰아내는 영물인 동시에 조상들에게 후손의 혼례를 알리는 매개체로서 역할을 하는 것이다. 그러니까 나쁜 잡귀는 쫓아내면서도 조상들의 영혼을 불러들이는 구실을 한다고 믿는 것이다. 무속(巫俗)에서 무당이 굿을 할 때, 흔히 닭을 죽여 피를 뿌리는 광경을 보게 된다. 이때 닭은 잡귀의 대명사가 되는 것이다. 그래서 '사제'인 무당에 의해 죽임을 당함으로써 온갖 잡신도 함께 죽임을 당하는 것이다. 영혼은 사람과 똑같다. 다만 사람의 형상, 즉 육신만 없을 따름이지 생각하고 행동하는 것은 산사람과 조금도 다름이 없다. 그래서 어떤 이들은 영혼과의 대화를 위해서는 그들의 생전의 모습을 보면서 나누는 대화가 훨씬 효과적이라는 것이다. 그러니까 〈서울 뚝배기〉에서 오지명씨가 하는 아버지와의 대화 방식은 퍽 이상적(理想的)이라는 것이다.
 유교식 제사에서 지방을 써놓고 하는 방식보다는 고인(故人)의 형상[사진]을 마주 대하고 지내는 제사나 기도가 더 마음에 와 닿는다는 것이다. 그래서 절이나 교회[성당]에는 부처님이나 예수님의 형상이 꼭 필요한 것인지도 모른다.

6년만의 해후

만남과 헤어짐―, 인간의 역사는 그렇게 해서 엮어지는 것이라고 한다. 인간관계 자체가 곧 인류사(人類史)인 것이리라.
오늘 만났다가 내일 헤어지는 것으로 끝나는게 아니라 헤어졌다가 또 만나는게 인간사인 성싶다.
그것을 토인비의 말처럼 도전과 응전으로 해석하면 자칫 투쟁의 역사처럼 이해되기 쉽지만 그보다는 서로 얼키고 설켜 돕고 도와주는 상호 보완의 관계로 발전돼 가는 것이 인간사라고 믿고 싶다. 인연은 참 묘한 것이라는 얘기를 자주 듣는다.
부처님 말씀에 옷자락이 스쳐도 인연이라는 말이 있다. 또 이를 잘못 받아들여 '인연을 맺지 말라'고 강조하는 말도 있다. 그러나 사람 뜻대로 인연을 맺고 끊는 것이라면 역사의 조작이 가능하겠지만, 그게 아닌 것이 퍽 다행이라고 하겠다.
역사의 발전을 예측이야 하겠지만 단정을 못하듯이 사람과 사람의 인연은 아무도 모르게 이어지고 끊어지는 것이다.
며칠전 조촐한 모임에 초대를 받아 참석할 수 있는 기회가 있었다. 부처님의 말씀을 배우고 실천하기 위해 주기적으로 만나는 분들이 모이는 자리였다. 그곳에서 필자는 6년 전에 만난 적이 있던 모 부인을 다시 뵙게 되었다. 필자보다는 그 부인이 먼저 알아봤다. 반갑기 그지 없었다.

6년 전 그분은 불치에 가까웠던 병마에서 막 헤어나 회복 단계에 있었음을 알 수 있었다. 무엇하나 부족한 것이 없는 유복한 분이었으나 단 하나 건강이 여의치 못했던 것이다.

'어떻게 해야 건강한 몸과 정신으로 살 수 있을까'하는 것이 필자와 그분의 당시 명제였다.

필자의 가는 길은 한결같이 불도인지라 몸과 마음을 모아 부처님의 가르침을 성심을 다해 실천에 옮겨보자고 하였던 것이다. 물론 필자를 만나기 그전부터 그분은 어떤 큰스님의 가피력으로 마음속에 부처님을 깊이 모시고 있었다.

해를 거듭하면서 그분의 말과 행동에는 부처님의 가르침이 그대로 드러나게 되었으며 '그것' 자체가 보고 듣는 이로 하여금 전교(傳敎)의 바탕이 되었던 듯싶다.

그래서 그분을 중심으로 뜻을 같이 하고 배움을 얻기 위한 사람들이 모이게 되는 기회가 잦아지게 되었던 것이다.

그러는 동안 병들었던 그분의 심신은 맑고 건강하게 변해가기 시작해서 이제는 '온전한' 한 사람으로서 많은 이들의 흠모를 받고 있었던 것이다.

만나고 헤어지고 또 만나는 그 연장 선상에서 영혼의 새로운 변화를 깨닫는 계기가 되었다.

진솔한 삶의 모습을 발견함보다 더 큰 행복은 없다는 말씀이 지금껏 생생하다.

죽는 현상(1)

죽음에 대한 두려움은 인간의 본능이라고 한다. 따라서 죽음을 두려워 하지 않는 사람은 없다.

그래서인지 '죽는 일'에 대한 얘기들은 허다하다. 저승사자 얘기를 비롯해서 죽어가는 과정을 소상하게 밝힌 얘기들이 많이 있다. 또 그런 것들을 연구하고 규명하는 작업이 오래 전부터 진행되고 있기도 하다.

이른바 임사(臨死)현상, 즉 임사체험에 관한 얘기들을 소개해 본다.

미국 시카고에서 정신과 의사로 일하고 있는 조지 리치씨는 폐렴에 걸려 완전히 죽었다. 다른 동료의사로부터 사망을 선고받았던 그는 놀랍게도 다시 소생했다.

그는 '죽어 있는' 동안 터널을 빠져나와 빛과 마주쳤다고 체험을 얘기했다.

"솔직히 말해서 그 당시 나는 육체의 사후 인간이 혼이 되어 살아가는 것이 아닐까 하는 생각을 해본적은 없었다. 죽음이란 육체의 소멸과 함께 의식의 소멸이라고 항상 생각하고 있었다."
　그런 그가 사후의 세계를 체험하게 되었던 것이다. 그리고 그 체험담을 공공연히 여러 사람 앞에서 말하고 있는 것이다.
　"병원 침대에 누워 있는 나의 육체를 조금 떨어진 장소에서 쳐다보며 사랑에 찬 빛이 반짝이는 속에 들어가 내 생애에서 일어났던 모든 일들을 입체영화 형태로 보았다."
　리치의 이야기는 임사현상을 소개하는 전형적인 줄거리와 똑같다. 빛을 본다거나 자신의 일생을 깨닫게 된다거나 하는 것들이 그것이다.
　미국의 유명한 여론 조사기관인 조지 갤럽주니어에 의하면 미국의 8백만 성인들이 임사체험을 했다고 밝히고 있다.
　즉, 20명 중 한명 꼴로 그같은 체험을 했다는 것이다. 구체적인 통계를 보면 다음과 같다.
　유체이탈 26%, 정확한 시각 23%, 소리나 음성을 들었다 17%, 평온함과 통증으로부터의 해방 32%, 빛의 현상 14%, 일생을 되돌아보다 32%, 저승에 다녀왔다 32%, 다른 존재와의 만남 23%, 터널체험 9%, 예지(預知) 6% 등등이다.
　이런 예도 있다. 심한 사고를 당해 손발을 잃은 사람이 자기가 실려 있는 수술대 위를 떠돌며 불구가 된 몸을 보고 가엾게 생각하고 있었는데 조금 지나서 그것이 자기 자신이라는 것을 알아차렸다는 것이다.
　또 의사나 간호원에게 무엇인가 말을 하고 싶어도 말이 되어 나오지도 않고 어쩌다가 소리가 되어 나온다고 해도 상대방은 전혀 눈치를 못채는 예가 허다하다는 것이다.

이럴때 그 자리에 있는 사람의 주의를 끌기 위해 손을 만지는 사람도 있다. 그러나 그곳에는 아무것도 없는 것처럼 상대방은 전혀 낌새를 채지 못한다는 것이다. 죽음 현상은 불가사의한 부분이 너무 많은 것이다.

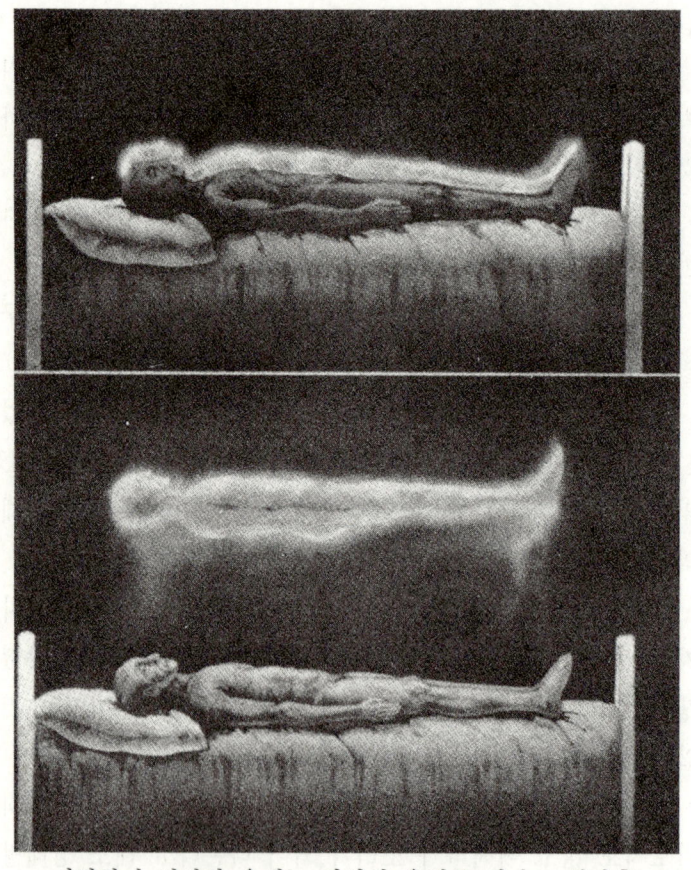

이탈하기 시작한 유체는 서서히 육체를 떠나고 얼마후
영혼과의 관계를 끊으면서 유계(幽界)로 들어간다

죽는 현상(2)

임사(臨死)체험을 해본 사람들의 대부분은 체험하는 과정에서 자신이 '죽음'중에 있다는 것 자체를 알지 못한다는 것이다.

공중에 떠돌면서 자신의 육체를 내려다보는 가운데 돌연 불안과 혼란이 일어난다.

"이런, 위에서 아래의 내가 보인다니! 도대체 어떻게 된 일인가?"

이상한 생각이 들면서 사태가 전혀 납들이 되지 않고 대혼란 상태에 빠지게 된다.

이런 상태에서[시점에서]는 자기가 보고 있는 육체가 자기 자신이라는 인식이 실제로는 없는 일도 흔하다. 이럴 때 자기는 어떤 모습일까 하는 의문이 생기기도 한다는 것이다.

어떤 체험자는 이 단계에서 '어느 누구의 남편도 아내도 아이들의 부모도 자식도 아닌 자기는 전체로서 완전한 자기일 뿐'이라는 표현을 쓰고 있다.

또 마치 자기가 끈이 잘린 풍선처럼 자유스러워진 느낌을 맛볼 수 있었다고 고백했다. 불안했던 감정이 모두 사라지고 오직 충만한 기쁨이 차오르더라는 것이었다.

특히 환자가 육체속에 있는 동안은 격심한 고통으로 괴로워했으나 임사현상을 체험하는 동안에는 참으로 평온함과 고통으로부터 해방된 상태가 지속된다는 게 거의 공통된 주장이다.

의사가 '임종입니다'라고 선언하는 순간 환자는 전혀 다른 체험을 하게 된다. 즉 자신은 떠오르며 밑에 남아있는 자신의 육체를 내려다보고 있는 느낌이 온다는 것이다.

이때 대부분의 사람들은 육체로부터 분리돼 있음에도 불구하고 어떤 종류의 무엇인가가 몸을 덮고 있는 것처럼 느껴진다고 한다. 영체(靈體)는 육체와는 모양이 다르며 반드시 특별한 형체를 하고 있다고 설명하기는 어렵다는게 대부분의 지적이다.

어떤 이들은 팔과 몸도 있다는 주장을 하기도 한다. 그런가 하면 여러 가지 색깔을 띤 구름 같다거나 표현이 모호한 '에네르기장(場)'이라고 말하는 사람도 있다.

어떤 체험자의 말을 빌리면 매우 세밀하게 관찰했음을 알게 한다.

"순간, 내 손을 잘 보았더니 작은 조직을 내부에 갖고 있는 빛으로 되어 있는 것을 알게 되었다. 미세한 지문의 소용돌이 모양도 있고, 빛의 관(管)이 팔까지 퍼져 있는 것도 보였다."

이른바 기(氣)라고 막연하지만 실체를 인정하지 않을 수 없는 어떤 '현상'같은 것이 영체의 본령인지 모르겠다는 결론이 가능하다.

그러면 육체를 빠져나온 영체는 어디로 가게 되는 것일까. 보다 구체적인 체험 사례들이 역시 많다.

죽는 현상(3)

'죽는 현상' 가운데 하나로 '터널' 체험이 있다. 영혼이 육체에서 벗어나 미지의 세계로 옮겨가는 과정이 흡사 터널을 빠져나가는 것 같기 때문에 붙여진 이름이다. 체험자의 말을 인용해보자.

"터널현상은 육체에서 빠져나온 후에 일어났다. '고삐가 끊겨서'라는 표현이 알맞은 만큼 체탈(體脫)을 하고부터 비로소 나의 체험이 죽음과 관계가 있다는 것을 깨달았다."

그러니까 그 이전까지는 자기 자신이 죽고 있다는 것조차 알지 못한다는 것을 증명해 주고 있다고나 할까….

"이 시점이 되면 터널 입구가 열리고 그 어둠속으로 빨려들어 간다. 그리고 얼마 후〔시간 감각이 없다〕 어둠을 빠져나와 저쪽으로 비치는 빛 속으로 들어간다."

어떤 체험자들은 터널 대신에 계단을 올라갔다는 증언을 하기도 한다. 폐암으로 위독상태에 빠져 있는 아들을 돌보고 있던 여인에게서 들은 이야기는 좀 색다르다.

그 여인의 아들은 '최후에 아름다운 나선형 계단이 위를 향해 뻗어 있는 것을 보았으며 내 자신이 그 계단에 올라와 있는 기분을 느꼈다.'고 했다.

그런가 하면 '아름답게 장식된 문을 빠져나갔다'고 표현하는 사람들도 있다. 이것이 저승으로 향하는 문이 아니겠느냐고 의미를 부여하는 사람들도 있다.

터널을 빠져나갈 때 '피—유' 혹은 '윙'하는 전기적 진동음을 들었다는 사람도 있다. 터널 체험을 그린 화가도 있다. 이미 15세기에 이에로님즈 포즈라는 화가는 '높은 하늘로의 상승'이라는 그림 속에서 이같은 체험을 시각적으로 표현하고 있다. 그림의 양쪽에는 죽음을 목전에 둔 사람들이 있고 그 둘레에 이들의 의식을 위쪽으로 향하게 하려는 정령(精靈)들이 그려져 있다.

죽은 사람들은 어두운 터널을 빠져나와 빛 속으로 나온다. 이 빛 속의 가운데에는 공손하게 무릎을 꿇고 앉아 있는 사람들이 보인다. 화가 자신이 체험한 바를 화폭에 옮겨 놓은 것이다.

터널 체험 가운데 재미있는 것은 터널의 길이도 넓이도 거의 무한에 가깝고 그 속은 빛으로 가득차 있었다는 것이다.

그러니까 터널이라고 해서 음습하거나 어두운 것만이 아니라 형언키 어려운 광휘로운 '빛'이 가득찬 그런 터널을 빠져나오는 느낌이 들었다는 체험자도 많다.

이렇게 해서 터널을 빠져나온 후에 또 어떤 현상과 맞부딪치게 되는가…

많은 이들 가운데 이른바 '빛의 사람들'과 만나는 것이 보통이라고 한다. 그들은 누구일까…

죽는 현상(4)

'빛의 사람들'

이른바 임사현상을 겪는 과정에서 터널을 빠져나간 후 맞닥뜨리는 것〔현상〕에도 여러 가지 체험이 소개되고 있다.

터널 속에도 그냥 어두운 것이 있는가 하면 때로는 빛으로 가득찬 것도 있다. 또 길고 좁은가 하면 한없이 넓은 경우도 있음을 알게 된다.

어쨌든 임사현상 가운데 터널현상은 거의 모든 체험자들이 가장 먼저 꼽는 하나의 '과정'이고 그 다음이 빛의 사람들과 만나는 단계인 것이다.

빛의 사람들을 만날 수 있었다는 체험은 신앙과 밀접한 관계를 가지고 있다는 점에서 독특하다.

생전에 돈독한 신앙생활을 했던 사람들 중에서 임사체험을 한 경우, 빛의 사람들과의 만남을 간증하는 예가 많다.

'흰옷을 입고 은빛 찬란한 세계가 끝없이 펼쳐져 있었다'는게 대체적인 공통점이다.

그들은 그곳이 천국이며, 천국의 주인은 예수님이었다고 단정(?)하고 있다. 또 그곳에서는 수많은 천사들과 교류했으며 그들이 살고 있는 집에도 초대를 받아 갔다가 돌아왔다는 얘기를 들을 수 있다는 것이다.

천당의 개념이 '빛'이나 '밝음' 같이 긍정적이라면 지옥의 그것은 '어둠', '고통' 같이 부정적인게 보통이다. 그러나 밝다고 해서 모두 천국이고 어둡다고 해서 모두 지옥만은 아닌 것 같다.

1972년 4월 6일 오전 9시 15분경 필리핀의 동부에 있는 한 마을에 사는 35세의 남자가 갑자기 절명했다.

의사가 달려와서 진찰을 했으나 이미 숨을 거둔지 30여분이 지난 후였다.

가족들과 진찰을 하는 의사의 모습을 한동안 응시하던 그는 서서히 길고 좁은 터널을 빠져나가고 있었다. 어느 순간인가 빛과 어둠이 교차하는 지점에 다다랐다. 사람들이 웅성거리는 소리와 함께 끝닿은 데를 모를 만큼 깊디 깊은 벼랑 아래로 추락하는 자신을 깨달았다. 순간 그는 지옥이로구나 하는 생각때문에 퍽 슬펐다고 술회했다.

얼마만큼 추락하던 그는 이제는 더 이상 떨어질 곳이 없다는 자각 증세를 느꼈다. 순간 그곳은 은은한 불빛이 온 세상에 넘치고 있었으며 수많은 사람들이 여유롭게 거닐고 있었다.

누구 하나 생로병사에 고민하지 않고 가난과 부귀에 연연하지 않는 표정이 역력했다. 얼마나 시간이 흘렀을까. 그는 자신이 공기 속에 부유하는 듯한 느낌을 받으며 휘황찬란한 은색의 세계에 서 있음을 볼 수 있었다.

이른바 빛의 사람들이 그를 맞이해 주었다.

죽는 현상(5)

'빛의 사람'과의 교유 체험은 개인차가 크다. 특히 종교의 유무와 믿음의 질량에 따라 천차만별이다.
　한 일본인의 체험은 특이하다. 1976년 가을, 뇌에 이상이 있다는 진단을 받은 지 며칠만에 '임사현상'에 직면한 케이스다.
　30대 초반인 이 여성은 평소 미신을 소중하게 여기고 섬기는 편이었다. 온갖 잡신의 존재를 신봉하고 있었다.
　잠자는 듯한 상태가 지속되다가 뜨거운 열기를 전신에 받는 순간 꼬불꼬불한 벼랑길을 정신없이 걸어 갔다.
　얼마나 걸어 갔을까. 문득 시야가 터지면서 환한 빛 가운데 우뚝 서있는 자신을 발견했다.
　주변을 둘러보는 순간 수많은 사람들이 자신을 둘러싸고 있는 것을 발견했다.
　남녀노소를 구분할 수 없는 모습이었다. 웃는지 우는지도 분간할 수 없었다.
　그중 한 사람이 무어라 중얼거리고 있었다. 자세히 들어보니 자신이 평소 외던 주문이었다.

문지방을 넘을 때마다 오래 살게 해달라고 외던 주문이었다. 또 한사람은 첫 숟가락질을 할 때마다 만수무강을 빌던 주문을 외고 있었다.

그들과 특별한 대화를 나누지는 않았다. 뭔가 분위기가 굳어져 가고 있다는 것을 느끼는 순간 격심한 두통을 느끼며 깨어났던 것이다.

기분이 아주 나빴다고 그녀는 술회했다.

독실한 기독교 신자로 50세 난 미국의 케리존즈씨의 경험은 유별나다.

그는 교통사고로 온몸이 부서졌다. 의학적으로 소생이 불가능하다는 판정을 받았다.

그는 방치상태에서 하루를 보내야 했다. 그동안 그는 진기한 경험을 하게 된 것이다.

터널을 빠져나가자 예의 빛의 세계가 전개되었다. 그는 예수님과 천사들과 '천국사람'들을 만나 '실로 오랜 시간' 그들과 돈독한 우정을 나누었다.

그들과 헤어질 때는 너무나 아쉬워 슬프기까지 했다고 한다. 그뿐이 아니라 그는 그들에게서 메시지도 가져 왔다.

"죄를 짓지 말고 예수님을 믿으라. 그래야만이 천국에 갈 수 있다."

성경에 있는 글귀와 다를바 없는 메시지지만 그는 그 메시지를 많은 이들에게 전달하기 위해 간증 집회에 열심히 참석하고 있다.

그런가 하면 불속에서 '사후의 세계'를 관찰하다가 돌아온 예도 있다.

　40대의 프랑스 여인은 특별한 종교를 가지고 있지 않은 무신론자였다. '죽는구나'하는 감을 깨닫는 것과 동시에 활활 타오르는 불속에 갇혀 있다는 것을 인지했다.

　하늘나라라는 것을 알면서 불속에 뛰쳐나오고자 애를 썼으나 그럴수록 더 맹렬하게 불꽃이 치솟았다. 울긋불긋한 사람들이 끝간데 없이 들어차 있었다.

　'빛의 세계'가 밝고 어둡고 울긋불긋한 색깔로 보여지는 것도 사람에 따라 달리 경험된다는 사실을 알 수 있다.

죽는 현상(6)

 '죽는 현상'의 마지막 장을 쓰면서 임사현상에서 '빛'을 느낄 때의 감각에 대해 살펴 본다.
 같은 빛이라도 그 느낌이나 밝기가 각기 다르다.
 '빛의 홍수를 만난 것 같다'는 느낌을 말하는 사람도 있었다. 그런가 하면 '이 세상에서 보는 어떠한 빛보다 훨씬 밝다'고 말한 사람도 있었다.
 그러면서 '더없이 강렬함에도 불구하고 눈을 아프게 하는 일이 없다. 그뿐 아니라 따뜻하며 힘차고 생기가 가득차 있다'고 표현하고 있다.
 이러한 배경 가운데서 체험자들은 먼저 작고한 친구나 친척들을 만나보게 되는데 그들 역시 그런 빛 가운데서 형언할 수 없는 광채를 보이고 있다고 증언한다.
 주변 분위기도 신비롭기 그지 없다.
 초목에 둘러싸인 목장이 보였으며 그 초목의 한그루 한그루가 내부로부터 빛을 내고 있었다고 전한다.
 또 말로 표현할 수 없을 정도로 웅대한 아름다운 빛의 도시를 보았다는 사람도 때로는 있다.
 빛에 싸인 많은 존재와 만난 후 임사체험자는 최고위의 '빛의 존재'와 만나는 것이 보통이다.
 기독교도라면 그 존재를 하나님이나 예수라고 말하는 일이 많다. 그밖에 석가나 알라라고 일컫는지는 모르겠다. 그러나 신도 예수도 아닌 매우 신성한 존재라고 말하는 사람도 있다.
 그것이 누구이든 그 존재는 완전한 사랑과 예지를 말하고 있다. 그것이 너무나 강하기 때문에 대부분의 인간은 영원히 그 존재와 함께 있기를 원한다. 그러나 그것은 될 수 없는 일이다.
 이 시점에서 체험자는 대개 그 빛의 존재에게 이승으로 돌아가지 않으면 안된다는 통고를 받게 된다는 것이다. 그런 과정에서 체험자는 빛의 존재로부터 생애의 전부를 돌아 볼 수 있는 기회를 얻게 된다.
 이 단계가 되면 주위에 있던 것은 완전히 사라진다. 더불어 생애의 장면이 총천연색 입체영화 같은 형태로 눈앞에 펼쳐진다.
 이것은 대체로 제3자적 입장에서 보여지지만 우리가 알고 있는 것 같은 시간적 순서로 이루어지는 것은 아니다.
 즉 전생애가 한눈에 투영되는 식이 대부분이다. 그러면서도 자신의 일거수 일투족을 한눈에 알아볼 수 있다는 것이다. 또 그같은 행위가 다른 사람들에게 어떻게 영향을 끼쳤는가도 알 수 있다는 사실이다.
 이동안 '최고위 존재'는 곁에 붙어 있어 이때까지의 생애에서 어떤 선행을 했는가를 묻고 일생동안 일어났던 모든 일을 대국적으로 파악하도록 시킨다.

믿음의 비밀

'믿는다'는 것은 신앙을 가진 사람들의 기본적인 마음가짐이다. 신앙 자체가 곧 '믿음'이기 때문이다.

불교나 기독교 또는 기타 종교의 근간은 믿음으로부터 출발한다. 믿음이라는 바탕 위에서만이 신앙심이 생기는 것이며, 믿음이 흔들릴 때 신앙심도 더불어 확신을 잃어가게 마련이다.

때문에 믿지 않는 신앙은 있을 수 없으며, 나아가 종교의 존재 가치도 믿음의 유무에 따라 결정되는 것임은 두말할 나위가 없다.

신앙의 초기단계에서는 믿음이라는 형이상학적인 '실체'에 대해 적지 않은 의문과 반발을 거듭하게 마련이다. 그래서 '반항적'으로 실증적 증거를 절대자에게 요구하게 된다.

'증거를 보여 주면 믿겠다'는 식의 반발이 그것이다. 눈으로 보지 않고는 믿지 못하겠다는 지극히 인간적인 요구라고 하겠다.

필자가 잘 아는 부인이 있다. 그 부인의 외동딸이 생후 1개월이 되었을 무렵 알 수 없는 병에 걸려 무척 고생을 했다.

당시 부인의 거주지가 부산이었기 때문에 그 지역은 물론 인근도시의 유명하다는 병원을 거의 모두 찾아다니며 딸의 병을 고치려고 했으나 허사였다.

그러던 어느 날 그 부인이 병든 딸을 안고 필자를 찾아 왔다. 첫 만남이었으나 이미 오래 전부터 잘 알던 사람같다는 느낌이 들었다.

그 자리에서 부처님께 마음을 맡기라는 권고의 말을 하게 되었다. 그 부인과 딸을 위한 간곡한 부탁이었다.

당시 부인의 종교는 불교가 아니었지만 언젠가는 개종을 할 수 밖에 없다는 생각이 떠올랐기 때문이었다.

그러나 부인은 선뜻 대답을 하지 못했다. 독실한 신자는 아니었지만 온 집안이 믿는 종교를 하루아침에 포기할 수 없었기 때문이었다.

필자 역시 막무가내로 부처님을 섬기라고 우길 수도 없는 노릇이었다.

"부인이 시누이 그러니까 따님의 고모께서 믿음이 돈독한 분이십니다. 이 아이는 그분의 영적 영향을 받고 태어났습니다. 부처님을 섬기는 것만이 따님을 건강하게 키울 수 있는 비결입니다."

완곡하게나마 이런 뜻을 그 부인에게 전해 주었다.

믿을 것인가, 안 믿을 것인가를 놓고 그 부인은 며칠을 고민하지 않을 수 없었다.

필자의 말을 액면 그대로 받아들일 수도 없었으며 또 부처님을 섬겨야 하는지 말아야 하는지도 얼른 판단하기 어려웠던 것이다. 그러나 병원에서조차 못 고치는 딸의 병인만큼 마지막으로 영적 능력에 맡겨볼 수 밖에 없다는 결론에 도달했다.

며칠 후 그 부인의 방문을 받았다. 마음으로 부처님을 모시기로 작정했다는 말을 했다.

바로 그날 평소 연락조차 없던 딸의 고모가 찾아왔다는 것이었다. 손을 잡고 반가움을 나눴다고.

그후 부인의 딸은 아무탈 없이 건강하게 자라고 있다.

인디언의 눈물

　미국 동부의 명승지 '캐스킬'에서 기도를 할 수 있는 기회가 있었다. 비가 부슬부슬 내리고 있었다. 이방인의 마음을 가라앉혀 주는 처량한 분위기였다.
　빗속에서는 기도는 또 다른 심적 감흥을 얻기에 충족했다.
　기도를 시작하자 뜻밖에 잠시 후 비가 멈췄다. 햇살이 산야를 고즈넉이 채우고 있었다. 얼마나 시간이 흘렀을까. 기도를 멈추고 숙소로 돌아오는 차에 올랐다. 다시금 사방이 침침해지면서 처량한 부슬비가 내리기 시작했다. 슬피 우는 눈물같은 부슬비였다. 이 지역은 미국의 원주민이었던 인디언들의 땅이었다. 그들은 백인들이 들어오기 전까지만 해도 조상대대로 물려받은 이곳에서 말 그대로 평화와 자유를 구가하며 행복하게 삶을 누려 왔던 것이다.
　인디언들의 뼈와 애환이 흙속에 그대로 묻혀 있는 곳인 셈이다. 백인들은 이른바 보호지역을 만든다는 명분으로 원주민들을 사실상 격퇴시키는 제한조치를 취하다가 아예 그들의 근거지를 빼앗아 버린 것이다.

이민족의 문화를 별 수 없이 수용해야만 했던 원주민들은 그 충격을 이기지 못한채 병들어 가고 말았다. 종족 보존마저도 제대로 할 수 없을 만큼 그들은 차츰 사라져 가고 마는 것이 오늘의 원주민 실태이기도 하다.

세계적인 금융가가 돼 있는 '월 스트리트' 일대도 멀지않은 과거에 인디언들이 차지하고 있던 땅이었다. 침입자 백인들과 피비린내 나는 살육전이 전개된 말 그대로 비극의 땅이 아닐 수 없다. 어떻게 하든 생활 근거지를 마련하기 위한 백인들의 동물적 야욕 앞에 오랜 세월 평화를 구가하며 살아온 원주민들의 항쟁은 무기력한 몸짓에 불과했다.

지금 그 자리에는 미국의 부(富)를 상징하는 월드트레이드 센터가 대서양을 향해 우뚝 서 있다. 인디언의 자취는 거의 흔적을 찾아보기가 어려워졌다.

그러나 문명은 늘 밝고 활기찬 현재와 미래를 약속하는 것이 아님을 미국의 현실에서 확실하게 알 수 있다. 전쟁을 선포할 만큼 심각한 마약폐해, 남녀를 가리지 않는 알콜 중독, 무시무시한 범죄 등등이 문명의 그늘에서 독버섯처럼 만연되고 있는 것이다. 자칫 위대한 미국의 시대는 쓰러져 가는게 아닌가 하는 우려(?)가 미국을 안다는 사람들의 가슴에 젖어들고 있음도 사실이다. 차창을 타고 내리는 빗물을 보면서 문득 '인디언의 눈물'을 떠올렸다. 분명히 빗물은 그들의 원한에 사무친 영혼이 이방인의 기도에 응답하고 있다는 믿음도 고여 들고 있었다.

미국이 해야 할 일이 있었다. 그들의[원주민] 한을 풀어주는 뜨거운 기도가 그것임을….

전생과 이승의 고뇌

　기독교의 부활사상을 두고 몇 백년을 티격태격했는지 모를 정도이다. 죽었다가 되살아났다는 예수의 행적은 어쩌면 기독교의 영원한 수수께끼인 동시에 놀라운 생명력을 지닌 권위로 남을 터이다.
　'죽었다 살아났다'는 것은 모순의 극치를 보여주고 있다. 죽은 것은 그 자체로 끝난 것이다. 그런데 다시 살아났다함은 결국은 죽은 것이 아니라 '죽은 척'한 것 밖에 다른 해석이 필요 없다는게 반기독교론자들의 주장이다.
　생명있는 것이 죽기도 하고 살기도 한다는 것 자체가 가능치 않기 때문이다. 예수는 죽은 지 무려 72시간이 지나서 다시 살아난 것이다. 그 긴 시간 동안 생물학적으로 완전히 '죽음'에 다다랐는지를 다시 따질 필요는 없다.
　'죽었다가 살아나심'을 성서는 분명히 기록하고 있다.
　인간의 죄를 한 몸에 뒤집어쓰고 그는 '할 수 있으면 피하고 싶었던 죽음'을 십자가상에서 맞이했던 것이다. 그는 인간적으로 그 죽음을 능히 피할 수 있었던 분이다. 그러나 자기가 아니고는 인간의 죄를 탕감할 수 없다는 '위대한 생각'을 머금고 아버지 하나님께 죽음으로써 죄 사함을 받아낸 것이다.

죽음으로써 영원한 삶을 이뤄낸 인류 최초의 사람이 된 것이다. 그래서 '죽었다가 살아난' 예수의 행적을 놓고 시비를 건다는 것 자체가 기독교인으로서는 참을 수 없는 모독이 되며 신성불가침적 요소일 수 밖에 없다.

거기에 비하면 불교의 윤회사상은 퍽 내성적인 면을 보이고 있다. 죽지만 새롭게 태어난다는 것이다.

죽었다가 이내 다시 살아난다는 직설적이고 외향적인 것에 비해 그렇다는 것이다. 죽음은 삶의 연장이지 생의 끝이 아니라는 점에서 기독교와 불교는 동일선상에서 이해해야 한다는 생각을 품게 된다.

전생과 이생의 고리가 거듭남이 순간임을 종교는 말해 주고 있다. 거듭난다는 의미는 '깨달음'을 일컫는다.

깨닫지 아니하고 거듭 남은 아무런 의미가 없다는 것이다.

돌중[스님]이 십년을 면벽수도를 한다 해도 깨달음을 얻지 못하면 도루아미타불이라는 우스갯소리가 있다.

이승에서의 문제를 해결하지 못하고는, 다시 말해 철저한 자기파악을 하지 못하고서는 전생과 내생의 실체를 구별하지 못한다는 것이 하나의 진리인 것이다.

'바르게 살라'는 종교적 가르침은 죽음 이전에 삶을 가다듬어 죽음 이후의 영생(永生)을 기약하는 바로미터가 되는 것이다.

부활과 윤회는 한해를 보내고 또 새해를 맞이하는 세모에 한번쯤 되새겨 봄직한 뜻이다.

영혼의 등불

일흔네살 먹은 '공산주의'라는 노인이 다 죽어가고 있다.
누구 하나 회생시켜 보려는 노력도 안하고 있다. 모두 손을 놓은채 수수방관하고 있을 뿐이다. 오히려 많은 이들이 어서 사라지기를 기다리고 있다. 다만 두서너 사람, 노인의 후광으로 분수 넘치게 덕을 본 사람만이 몸둘바를 모르고 초조해 하고 있는 형국이다.
'공산주의'는 잦아드는 숨결을 몰아쉬면서 임종의 시각을 헤아리고 있다.
그가 한창 기승을 부릴 때 강요했던 피의 값을 하느라, 그 죄값을 하느라고 몰골사납게 죽어가고 있는 것이다.
그가 들어앉아 갖은 악행을 일삼던 공산주의 종주국[종가집]은 실체를 잃은 채 뿔뿔이 헤어져 분가를 하고 누구하나 쓰러져 가는 집안을 돌보려 하지 않는다.
그 영광은 이미 비참한 허상으로 세계의 대로(大路)에 버려져 있다. 그를 따르던 몇몇 변방의 종속국들도 남몰래 한숨을 내 뿜고 있다. 명운을 시체가 되어가고 있는 노인과 당연히 같이 해야 할 그들이건만 차마 자결할 용기가 없어 마지막 몸짓으로 어거지 삶을 연명해 가는 몰골의 장래가 훤하다.

그들 특유의 생트집도 예전과는 달리 관심의 대상이 되지 못하고 있다. 철없는 아이들의 생떼처럼 우스꽝스럽기만 하다.

뿐만 아니다. 깡통차고 집집마다 기웃거리는 5, 60년대식 거지떼들이 연상된다. 양껏 안주면 발길질을 해대던 그때 그 시절 거렁뱅이들의 몰골이 노인 시체 그늘에서 꿈틀거리고 있는 것이다.

설마 이토록 단명(短命)할 줄은 몰랐다. 얼마나 호기로웠는가 '공산주의'의 기상은—.

살아온 과정이 어떠냐에 따라 종말의 미추(美醜)가 결정된다. 인간의 삶은 그래서 과정이 더 없이 중요하다.

값과 몫에 따라 영생(永生)의 질과 양이 결정된다. 그게 진리인 것이다. 영원히 죽지 않는 생명, 영혼이 거처할 그릇을 스스로 깨뜨리고 더럽히는 자는 죽음 뒤에 여전히 싸늘한 주검밖에 보장받지 못한다.

공산주의의 몰락은 인간의 영혼과 영생을 부정한 데서부터 비롯되었다. 한계가 보이는 유물론을 신봉한 그들의 삶은 죽을 날짜만 헤아려 온 유한의 세계였다.

'신은 죽었다', '아예 없다'로부터 쌓아올린 사회주의의 바벨탑은 자체 하중을 감당치 못한채 와르르 무너지고 말 것이다.

어떻게 살아야 하는가는 분명해졌다. 끊임없는 영혼과의 대화를 통해 진리의 등불이 뿜어내는 빛을 따라 살아야 한다. 이승은 내생(來生)의 집을 짓는 건설 작업장이다.

'참자유'의 세계

육신의 병은 제 아무리 의학이 발달해도 정복될 가망이 없다고 한다.
현대의학으로 완전히 고칠 수 있는 질병이 생각만큼 많지 않다는 데에 놀라지 않을 수 없다. 원인을 모르니 치료방법을 알아내기가 불가능하다.
그뿐 아니다. 치료방법을 알아냈다고 모든 환자에게 공통적으로 적용할 수도 없다는 것이다. 개개인마다 체질과 성격이 다른 만큼 치료 방법도 각기 다르기 때문에 또 다른 방법을 찾아야 한다는 얘기다.
십수년전까지만 해도 에이즈라는 병은 듣도 보도 못한 병이었다. 어느날 갑자기 공포의 질병으로 나타나 인간을 괴롭히고 있잖은가. 원인이 어떻고 예방이 어떻다는 말들은 하지만 마땅한 치료법을 몰라 수수방관하고 있을 뿐이다.
암에 이르러서는 의학의 영역이 얼마나 보잘것 없는가를 익히 알 수 있다. 너무 오래된 질병이어서 그 역사도 모를 만큼 지겨운 병이건만 현대의학으로는 아직 범접하려면 요원하다는

게 정설인 듯 싶다. 추측컨대 더 엄청난 공포의 대상이 될 질병이 속속 모습을 드러낼 듯 싶기도 하다. 감히 인간의 재주로는 손도 못댈 그런 질병 말이다.

 육신은 정신을 담는 그릇이다. 그릇에 이상이 생기면 아무것도 보관할 수 없는 것은 정한 이치이다. 정신이 혼탁해서 육신이 병든다는 주장도 있다. 어쩌면 그게 맞는 주장인지도 모른다. 사실 정신과 육신 중 어느 쪽에 먼저 병이 들었는지를 알아야 할 필요는 없다. 정신이든 육신이든 일단 병이 들었다면, 또 그것이 치유 불가능한 것이라면 문제는 이미 해결이 난 셈이다.

 병이 안든 것이 오히려 비정상적인 세상이 요즘 세상이라고도 한다. 세상사가 온통 하루가 다르게 격변해 가는데, 어찌해서 병들지 않은 인간이기를 바라겠는가.

 자유를 외치다가 막상 자유인이 된듯 싶은 인간이 막막한 세상 속에서 갈 곳을 몰라 방황하고 있다. 누구하나 관심을 두는 법이 없다. 나 스스로 무엇인가에 관심을 갖고 싶은 생각도 없다. 다시 옛날로 돌아가고 싶어도 이미 그곳은 텅비어 있다. 새로운 정신이 고향을 그리워한다.

 새로운 세기는 단순히 수리적(數理的) 개념의 시대가 아니다. 또 그렇게 되어서도 안된다. 인간의 육신과 정신이 건강을 되찾고 새로운 역사적 지평을 여는 세기여야 한다는 것이다.

 그런 그릇을 마련해야 한다. 새로운 종교의 세기가 눈앞에 다가왔다. 누가 만들어야 하는 것이 아니다. 우리 스스로 투명한 영혼의 그릇을 빚어야 한다. 그리하여 '참자유'를 누려야 한다.

뉴저지의 무궁화

세계적으로 유명한 맨하턴에는 갖가지 빛깔의 무궁화가 흐드러지게 피어 있다.

이국에서 보는 무궁화가 그렇게 아름답고 탐스러울 수가 없었다. 한국인이 무궁화 꽃을 보고 감흥을 안느낄 수 없지만 이역만리에서 느끼는 감회는 유별난 것이었다.

무궁화가 왜 한국인에게만 달리 보이는 것일까.

원래 꽃은 아름다운 것이다. 물론 꽃에 따라 다소간 차이가 있겠지만, 무궁화라고 해서 유달리 예쁜 것은 아니다. 그저 평범한 꽃일 수도 있다.

그렇건만 한국인은 수많은 꽃중에 무궁화만 눈에 띄면 색다른 것을 발견한 양 기쁨에 겨워하고 감정이 여린이는 눈물까지 흘리는 것이다. 한국인만이 갖는 무궁화에 대한 편협한(?) 정서의 일단이라고나 할까.

무궁화를 대한민국의 국화로 정한 것은 순전히 인위적인 결정의 소산이듯이, 종교도 원래 수많은 꽃처럼 그렇게 있던 것을 특정지역의 특수한 사람들이 제멋대로 의미를 부여하고 가지를 덧붙여 상품화(?)한 것이라는 생각도 든다.
 사람들만 해도 그렇다. 똑같은 사람인데도 분명 차별을 둔다. 미국에서 백인이 1등시민이고 흑인이 2등, 황색인이 3등 시민이라는 생각이 널리 퍼져 있다. 좀처럼 이러한 인식의 벽을 뛰어넘거나 허물어뜨리기는 어려운 실정이다. 같은 사람이면서도 받는 대접이 다르니 당하는 입장에서는 울화통이 터질 지경이다. 사람의 능력만 해도 그렇다. 교포사회에서 나름대로 존경을 받고 있는 영능력자 한분을 만날 수 있었다. 그분은 교포들의 여러 가지 일들을 상담해 주기도 하고 어려운 일이 생기면 직접 나서서 해결해 주기도 한다.
 영능력자라고는 하지만 여느 평범한 사람들과 별다른 차이점을 발견할 수 없었다. 다만 다른 사람들보다 앞서서 일을 처리하고자 하는 자세가 다르다면 다를 뿐이었다.
 문제는 다른 사람들이 그를 '별다른' 사람으로 미리 점찍어 놓은 탓에 그는 늘 영능력자가 되고만 격이었다.
 미국의 정신적 근간이 되고 있는 '프런티어'정신이야말로 어떤 능력을 수반한 생각이라는 것이다.
 자연과의 싸움에서 삶의 터전을 일궈나갔으며 이민족과의 피비린내 나는 전쟁에서 역사를 이끌어 나온 그들에게 있어 개척자적 행동과 기상은 더할나위 없는 그들 자신의 생명이었던 것이다. 그러나 인위적 가치 기준 부여는 자칫 오만과 편견과 무절제를 낳게 하는 '위기'를 감지하지 못하는 예가 허다하다.
 허물어지는 세계의 온갖 인위적인 장벽들을 보면서 모든 것을 품어 주는 영혼의 '큰 그릇'을 생각해 본다.

이국(異國)에서의 첫 구명시식

 지구가 둥글다는 것은 지구인들이 깨닫기까지는 많은 의문과 번민을 씻어내는 작업이 필요했다. 오늘날에야 누구하나 지구가 둥글다는 것에 대해 의심하는 사람은 없다.
 진실을 진실로 받아들이지 못하는 것이 사람의 심성(心性) 가운데 하나인지도 모른다.
 그 옛날에 비행기가 있었다면, 아니 인공위성이 있었다면 지구가 공같이 생겼다는 것을 쉽게 알 수 있었을 것이다. 아무리 봐도 평평한 수·지평선만 보였으니 둥글다는 주장이 먹혀들 리 없었다. 그런 주장을 하는 사람을 미친놈 취급을 하거나 사교를 믿는 사람으로 몰아 감옥에 쳐 넣었던 것이다. 당사자로서는 정말 환장할 일이 아닐 수 없었을 것이다.
 살아있는 사람이 죽어서도 있다고 믿는 영혼을 냉큼 이해하기는 어렵다. 하물며 영혼의 세계가 버젓이 있다고 말하는 사람의 말을 믿으려 하지 않는 것 또한 이해 못할 바 아니다.
 아무리 설명을 해도 영혼의 존재를 부정하는게 믿지 않는 이들의 특징 가운데 하나다. 그들은 지구를 떠나 높은 창공에서 비로소 지구가 둥글다는 것을 알 것이며 죽어봐야 영혼의 세계에 대한 존재를 깨닫게 될 것이다.

만법귀일(萬法歸一)이라고나 할까. 영혼의 세계로 돌아가는 인간의 행로가 결국 한길일 수 밖에 없다. 믿고 안 믿고는 자유지만 결국 가야 할 길은 한길일 수 밖에 없다.

미국에서의 첫번째 구명시식을 하면서 여러 종파의 사람들을 만날 수 있었으며 그들의 가슴 깊숙이 숨겨져 있는 '비밀'을 재조명함으로써 그들에게 삶의 자유를 음미하도록 기회를 제공할 수 있었다. 마침 필자가 기거하고 있는 뉴저지의 주택은 숲으로 싸여져 있는 아름다운 곳이었다. 그 전에는 유태인이 살던 집으로 '숨겨진 비밀'이 있는 곳임을 이내 알 수 있었다. 그런 곳일수록 영혼과의 대화가 쉽게 이루어지기도 한다.

그래서인지 첫 구명시식때부터 여러 영(靈)들이 나타났다. 내가 그 집에 가게된 것도 주인이 백일기도를 마친 후였으니까 인연이 깊다고 할 수 있었다. 다섯 가정이 구명시식을 했다. 그중 L씨 아버지의 고통이나 양부(養父)의 사랑에 대한 비밀, 그리고 인디언의 영혼 등 많은 비밀은 차후에 적기로 한다.

이국(異國)에서의 첫번째 구명시식은 여러 가지 점에서 달랐다. 필자 자신도 반신반의한 상태에서 '떠밀리듯' 임할 수 밖에 없었다. 모든 것이 낯설었기 때문이었다. 그러나 그런 것은 기우에 지나지 않았다. 사람이 살고 있는 곳이었기 때문에 온갖 이지러진 영혼들이 그곳에도 있었다. 그들의 평안한 영생을 위해 해원은 불가피한 것이었다. 그것은 지구가 둥글고 영혼의 존재를 믿을 수 밖에 없는 이치와 같은 것이기 때문이다.

맨하턴의 빗방울

 나라마다 장점과 약점이 있게 마련이다. 넓은 국토와 풍부한 지하자원, 애국심, 자유와 평등, 평화를 보유하고 구가하는 미국은 분명 많은 장점을 가지고 있는 나라인게 확실히다.
 미국을 일컬어 독재국가요, 인권탄압국가라고 손가락질 하는 사람은 없다. 살고 싶은 나라, 한번 가보고 싶은 나라로 첫 손가락에 꼽히는 나라가 미국인 것도 사실이다.
 반면 미국은 많은 약점을 지니고 있는 나라이기도 하다.
 '미국의 영광은 이미 끝났다'고 단언하는 소리도 몇 년 전부터 커지고 있다. 미국인의 인성(人性)이 크게 변했다고 믿는 사람들도 있다. 그들의 국익(國益)우선주의가 결국 스스로를 먹어치웠다고 믿는 이들도 있다. 지나친 개인주의가 끈끈한 인정을 메마르게 했다고 지적당하기도 한다.
 새로운 팍스아메리카나 시대가 도래한듯 싶지만 예전과는 세계인의 의식이 크게 달라졌기 때문에 패권국가형은 어림도 없다는 주장도 만만찮다.
 결정적으로 미국을 단죄하는 얘기가 있다.

흔히 흑백 분규로 지칭되는 인간차별이야말로 미국의 아킬레스건이라는 것이다. 흔히 남아연방을 그 대표적인 나라로 꼽아 미국이 앞장서서 성토하지만 사실상 미국만큼 인종을 볍씨 고르듯이 차별하는 나라도 드물다는 것이다.

크게 보아 흑과 백을 차별하는 듯 뵈지만 이도 저도 아닌 황색인에 대한 차별은 흑백 모두가 열외로 친다.

앞에 소개했던 '인디언의 눈물'은 그런 관점에서 운을 뗀 것이다. 우리와 피부색이 같은 인디언들은 미국인에게 있어 살생의 대상이었을 뿐이다. 보이는 대로 닥치는 대로 그들은 인디언들을 죽였던 것이다. 보호라는 명목으로 땅에 금을 긋고 밖으로 나오지 못하게 엄중 감시했던 것이다.

자유를 끔직히 사랑한다는 오늘의 미국이 감추고 있는 비밀이다. 그들의 인성중에 가장 못쓸게 '멸시'이다. 기독교 문화가 바탕이 된 나라 사람들이 어째서 사람을〔특정인들〕멸시하는지 이해하기 어렵다. '사랑'을 예수께서 잘못 가르쳤던가.

극소수의 백인이 미국을 움직여 나가고 있다는 것은 공공연한 비밀이다. 그들은 따로 산다. 자신들의 울타리 근처를 오가는 유색인종들에게 총부리를 겨누고 있다. 무서운 냉대 속에서 우리네 형제 자매들이 삶을 영위하고 있다.

미국은 세계 도처에서 반미(反美)라는 냉대를 받고 있다고 불평한다. 죄의 댓가를 받고 있다고 여기는 지식인들이 하나 둘 늘어나고 있다. 그들이 짓밟은 유색인종들의 한이 차가운 빗방울을 만들어 미국을 적시고 있는 것이다. 영혼의 유희인 셈이다.

영혼의 들고 남

　불가(佛家)에서는 극락을 이상향으로 일컫고 있다. 기독교에서는 천당이 그곳이다.
　종교에 따라 영혼의 안식처를 각기 정해 두고 있다. 그래서인지 초심자들로 하여금 '죽지 않는 영생'을 운위하는 종교에서 사전(死前)과 사후(死後)의 세계를 갈라놓는 데 대한 강한 의문을 불러일으키게 한다.
　그들에게 있어 깨우침을 얻으면 죽어도 죽지 않고 살아도 사는게 아니라거나 구원을 받으면 영원히 죽지 않는다는 소리가 도무지 알다가도 모를 소리일 수 밖에 없다.
　'영혼의 넘나듬'을 이해하기란 한 차원 더 어려운 일이 아닐 수 없다. 기독교를 믿던 사람은 극락으로 간다고 믿는게 편하다면 편하다.
　종교를 갖는다는 것부터가 영혼의 존재를 믿는 행위이며, 따라서 영생(永生)을 인정하는 바라고 하겠다.
　영혼은 사라지거나 죽지 않는다는 것을 확인하는 작업이 신심(信心)을 다지는 신자의 길이기도 하다.

영혼이 이쪽과 저쪽[이승과 저승]을 넘나드는 존재임을 믿는 이들은 차츰 확인하게 된다. 믿는 마음에는 그래서 조급함이 없어야 한다는 것이다.

미국에서 두번째 구명시식을 했다. 많은 이들이 자리를 함께 했다.

한국에서는 이름만 대면 모르는 사람이 없을 정도로 저명한 분들의 친인척과 미국인과 결혼한 교포분 등 가족 수로는 모두 다섯 가정이 자리를 했다.

묘하게도 그분들이 갖고 있는 종교도 각기 달랐다. 기독교 장로님이 계신가 하면 독실한 불교 가정도 있었다. 또 가톨릭에 심취한 분과 유태인도 있었으며 이단으로 손꼽히는 종파의 간부 부인도 참석했던 것이다.

한가지 공통점은 그들 모두가 당장 피치못할 고난[고통]에 처해 있다는 점이었다. 천주교 신자인 K씨의 여동생은 간(肝) 이식수술을 받기 위해 대기중인 상태였다.

신흥종파 간부 부인의 남편은 유태인으로 뉴욕 시의회 의장을 지낸 유명인사였다.

바로 그분의 할머니가 알콜중독으로 세상을 살다 갔다. 그래서인지 유태인 혼령들이 많이 모여 들었다. 또 그 부인의 아버지와 할아버지는 6·25때 죽창에 찔려 학살당한 32명 가운데 끼어 있었다.

수많은 혼령들이 이역만리 미국 땅까지 왔던 것이다.

K씨의 구명시식때는 한때 우리나라를 좌지우지했던 분의 영혼도 여러 혼령들과 함께 찾아 왔다.

그들이 살아생전 믿던 신앙도 제각기 달랐다. 그래서인지 불가의 의식에 대해 처음에는 퍽 거부반응을 보였다.

더구나 무속 신앙을 믿던 분이 방문을 가로막고 누워있자 그들은 더욱 낯설어 했다.

그러나 영혼의 세계는 차별의 세계가 아니었다. 그리고 아집과 편협이 큰 세계도 아니었다.

제각기 자신들의 방식대로 기도함으로써 해원이 이루어졌다.

말로 형용키 어려운 그들의 들어오고 나감이 확연히 느껴지는 뜻있는 자리였다.

영혼과의 공생

미국은 대표적인 기독교 국가이다. 건국이념의 바탕이 프로테스탄트에서 연유되었기 때문이다.
합리적이고 과학적인 사고방식이 미국인들의 기질을 이루고 있다. 불필요한(?) 관념적 사유나 이론과 실제에 근거하지 않는 논란을 싫어한다.
우리 식으로 보면 이른바 미신을 믿지 않는다는 것이다. 미신은 눈에 보이거나 손에 잡히지 않기 때문이다. 말 그대로 어리석은 마음속에만 존재하는 허깨비이기 때문이다. 즉 망상일 수 밖에 없는 것이다.
기독교를 신앙하는 사람들에게 있어 미신은 배격돼야 할 대상이다. 그러나 '영혼'의 존재를 놓고 막무가내로 미신이라며 내침을 하던 그들도 차츰 생각을 달리 하고 있다.
두달 전 뉴욕에서 있었던 일이다. 뉴욕 교외에 주택을 마련한 어떤 사람이 입주하고 얼마 안있어 집안에서 까닭을 알 수 없는 진동음이 계속되어 도저히 못살겠다며 전 주인을 상대로 반환청구소송을 제기했던 것이다.

법원은 과학적인 조사를 한 끝에 원인은 규명할 수 없으나 진동음이 나는 것은 확실하다며 원고측 승소판결을 내렸다. 이 사건은 세인의 관심을 끌기에 충분했다. 이른바 귀신소동 같은 것이었기 때문이다. 뿐만 아니라 케네디 대통령의 별장이 있는 해변에서 그가 거니는 것을 목격했다는 '소동'이 벌어졌는가 하면 엘비스 프레슬리가 자신의 무덤가에서 이상한 표정을 지은 채 앉아있는 모습이 사진에 찍히기도 해서 또 한번 유명세를 치루기도 했다.

그런가 하면 유명한 여배우 셜리맥레인이 자기의 전생(前生)을 그린 책이 베스트셀러가 되기도 했다. 따져보면 미국인들처럼 생사관이 두루뭉술(?)한 사람들도 없는 성싶다.

죽음도 삶의 한 연속일 뿐이라는 기독교적 정신에서 비롯된 것이겠지만 합리적, 과학적 사고방식을 내세우는 그들이기에 간혹 이해하기 쉽지 않은 부분도 없지 않다.

집 앞에 무덤을 만든다거나 또는 지하실에 시신을 안치해 두는 이들도 꽤 있다. 그런가 하면 도심에 공동묘지가 있고 그 부근 집값이 더 비싸다는 것이다.

깊은 산속에 유택을 마련하는 우리네 풍속과는 많은 차이가 있다. 미신이라면서 미신에 현혹되는 우리네와 미신을 철저히 배격하면서도 미신적 요소가 가장 농후한 사자(死者)와의 공동생활(?)을 거리낌 없이 영유하고 있는 이들의 모습이 재미있다. 그들은 영혼의 존재에 대해 매우 긍정적이다. 유무(有無)를 가지고 시비하는 단계를 이미 넘어섰다. 영혼과 더불어 사는 미래의 삶을 연구하고 계획하는 단계라고 할까….

제 *2* 부
영혼과의 공존

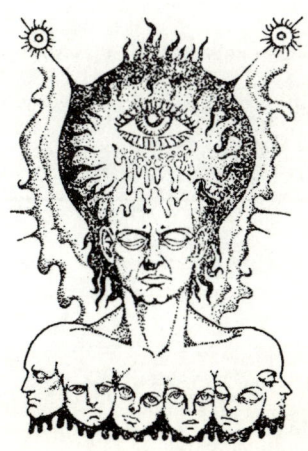

전생(前生)의 비밀

 물이 얼면 얼음이 된다. 얼음이 녹으면 다시금 물이 된다. H_2O라는 구조는 변하지 않으면서도 물은 그 형태가 변하는 것이다.
 물이 어떻게 생겨났는가를 물으면, 얼음이 녹아서 물이 되었다는 대답을 구하기는 어렵다. 그런 대답은 틀린 대답이다.
 과학적으로 말하라면 이런 저런 대답이 나오기야 하겠지만, 그러면서도 물이 변해 얼음이 되었다는 데에는 의심의 여지가 없으면서도 물의 생성(生成)이 얼음이 녹아서 물이 되었다는 데에는 웬지 의심부터 하게된다. 고정관념인 탓이기도 하다.
 물이나 얼음이나 본질이 변하지 않았기에 어떤 것이 옳고 그른게 있을 까닭이 없다.
 죽음 뒤에 삶이 온다고 믿는게 맞는지, 아니면 삶 뒤에 죽음이 온다는게 맞는지 쉬운 듯 하면서도 까다롭기 그지없는 명제가 아닐 수 없다.
 전생(前生)과 현생(現生) 그리고 내생(來生)을 골돌하게 생각하는 모습이 눈에 띈다. 그것이 우리네 삶의 한 단면이다.
 언제 어떻게 될지 모른다는 불안속에 사는 현대인에게 있어 그것은 어쩌면 당연한 의문인지도 모른다.

앞에서도 사후의 세계에 대해 설명한바 있었다. 그것은 전생의 모습을 궁금히 여기는 대중들로부터 많은 질문을 받아왔기 때문이다.

어떤 이들은 단순히 이야기거리로서 대답을 채근하는가 하면 매우 심각하게 '비밀'을 알아내고자 하는 사람들도 있었다.

수개월간 미국 나들이를 하는 동안에도 그랬다. 묘하게도 미국에서는 전생의 비밀을 소재로 한 영화나 연극 따위가 인기를 끌고 있었다.

'현생의 모습이 전생의 모습 그대로임'을 말해줘도 믿지 않는다. 그뿐 아니라 '현생의 모습이 내생의 모습'임을 일러줘도 역시 믿을 수 없다는 표정이다.

그러나 그것은 사실이다. 사실일 수 밖에 없잖은가. 씨를 뿌린대로 거두는데 당연한 줄 알면서도 현생에서의 '양심'을 거부하는 이들이 허다하다.

전생의 비밀은 현생에서의 '양심의 추(錘:저울)'가 확연히 보여준다는 말을 많은 이들이 굳이 부정하려 한다. 물론 현실적 삶만이 있을 뿐 그 이상도 이하도 아무런 가치가 없다는 이들도 많다.

하긴 그렇다. 충실하고 아름다운 현재를 가꾸어 나가면 그만인 것도 같다. 후회없는 현생의 삶이 과거와 미래의 내 모습이라는 근거있는 주장이 큰 자리를 차지하고 있기 때문이다. 그러나 후회없는 인생이 그리 쉽게 찾아지는 것은 아니다.

더구나 늘 불안속에서 육신을 가두며 살아가야 하는 인간의

제2부 영혼과의 공존 149

삶이 자꾸만 죽음이라는 터널속에 남아있을 자신의 흔적을 더듬어 손으로 만져보고 싶어지는 것이기도 하다.
　인간이 종교적 동물인 것도 현생에 대한 어쩔 수 없는 불안 탓에 그런지도 모른다. 아무튼 전생이 있다고 믿는 사람들이 없다고 고집하는 사람들보다 훨씬 많다.
　유명한 전생연구가들도 세계 곳곳에 많다.
　독특한 능력을 가진 이들이 전생의 비밀을 밝혀냄으로써 화제를 모으는 예도 허다하다. 그러면서도 전생의 비밀은 까발려 낼게 아니라는 어떤 외경심도 퍼지고 있음도 사실이다.
　우리가 전생을 알 수 없다는 것 자체가 어쩌면 조물주의 섭리 탓인지도 모른다.

태아의 고통

 어느날 문득 '사람은 왜 살며 어떻게 태어났는가' 등과 같은 본원적인 물음에 맞닥뜨릴 때가 있다.
 그래서 골똘하게 생각해 보지만 그런 문제에 대한 해답이 쉽게 찾아지는 것도 아니다. 그저 의문은 의문을 낳게 되고 결국 무엇이 의문이고 해답인지도 분간하지 못한채 미궁속에 빠지고 마는 게 보통이다. 간혹 '나'라는 존재의 족적이 '이런 게 아니었을까?'하는 묘한 의문 부호를 발견하기도 한다.
 국민학교 2학년 때의 일이다. 우량아 선발대회에서 최고상을 받은 경력이 있는 친구가 갑자기 뇌염에 감염되었다는 소식을 들었다. 그 소식을 듣는 순간 '아, 그 친구는 죽겠구나!'하는 느낌이 강하게 와 닿았다. 결국 친구는 회복하지 못하고 저 세상으로 먼저 가고 말았다. 어린 마음에도 죽음에 대한 아픔이 무척이나 컸다. 운동장 구석에 쌓여 있는 건초 더미 위에 올라 앉아 골똘한 생각에 빠져 있었다.
 4세때 겪은 6·25사변 생각도 나고 친구와 재미있게 놀던 생각 따위도 끝간데 없이 떠오른다. 어떤 노파의 모습이 떠오르면서 나의 할머니라는 생각이 들었다. 확인결과 그분은 바로 필자의 얼굴도 모르는 할머니였다. 잔치를 벌이고 있는 장면도 떠올랐다.

할머니의 환갑날의 한 장면으로 필자가 태어난지 8개월되던 날의 행사였다고 한다. 환상(?)은 시간을 더 뒤로 돌려놓고 있었다. 엄청난 고통이 엄습해 왔다.

특히 머리의 고통이 극심했다. 그 머리를 누군가 쓰다듬어 주고 있었다. 어머니의 뱃속에서 빠져나오는 과정에서 산모(産母)도 엄청난 고통을 겪지만, 태아 역시 못지않은 통증을 느낀다는 것을 미루어 짐작할 수 있었다.

그 아픔이 선연히 떠올랐던 것이다. 그뿐 아니라 얼굴이 희고 둥근 여자가 고통과 함께 이지러져 길쭉해진 태아의 머리를 열심히 쓰다듬고 있었던 것이었다.

그 여자가 산모를 구원해 주던 태아의 이모였다는 것을 알게 되었다. 그러니까 전생과 현생의 분기점을 확실하게 목격한 것이라고나 할까….

자신이 태어날 때의 장면을 생생하게 기억한다는 것은 드문 일이다. 어쩌면 상상속의 일을 그럴듯하게 엮은게 아니냐는 의심을 사기에 알맞은 노릇이다.

그러나 거짓이 아닌 사실임을 입증해 주는 두 사람의 증거(?)가 있다. 곧 할머니와 이모의 당시 모습은 어머니의 확인으로 확실해진 것이다. 나는 그분들을 본적이 없었기 때문이다.

전생과 현생의 문턱에서 이제 전생을 향해 한발 내딛고자 한다. 육안의 눈을 통해 실제로 보는 인간의 과거는 과연 무엇인가.

'찰나도 영원'

언젠가 인도에서 있었다는 실화다.
대여섯살 먹은 어린아이가 어느날 문득 어른스런 행동거지를 하는가 하면 납득할 수 없는 말을 지껄이기도 했다.
집안 식구들도 처음에는 이 아이가 장난을 좋아하는 까닭에 그냥 지어서 하는 짓이겠거니 했다.
그러나 날이 갈수록 아이의 하는 짓이 범상치 않아 유심히 살펴보기 시작했다. 아이는 어느날 제 엄마한테 말하는 것이었다.
"엄마, 나 우리 집에 보내줘."
"…?!"
엄마는 놀랄 수밖에 없었다. 어안이 벙벙해 말을 잊어버리고 말았다. 그런 엄마를 물끄러미 쳐다보면서 아이는 또렷하게 못을 박았다.
"우리집은 이곳에서 3백리 가량 떨어진 곳에 있어요. 굉장히 부자집이어요. 빨리 가고 싶어요. 어서 보내 주세요."
아이는 보채기 시작했다. 그러나 보채는 투가 전처럼 순진무구한 아이들의 행동거지와는 달리 어른들을 차근차근하게 달래는 것이었다.
 아이의 말과 행동이 기이(?)해서 어른들은 아이가 말한 고장에 대해 사람을 놓아 알아 봤다. 놀랍게도 그 고장에 엄청난 집안이 실제로 있었다. 그리고 아이가 말한대로 몇 년전에〔아이가 태어나던 해 같은 날 같은 시간〕그 집 주인이 세상을 떠났다는 것도 밝혀냈다. 어른들은 아이를 데리고 그곳으로 찾아갔다. 찾아온 자초지종을 털어놓자 그 집안 식구들은 너무 너무 반가워하며 어린아이를 상석(上席)에 앉혀 놓고 큰절을 올리고 며칠간 계속되는 큰 잔치를 베풀기도 했다.
 이런 일이 있을 줄 알았으며 그날을 손꼽아 기다렸다는 것이다. 그러면서 아이에게 이것 저것 물어보기도 했다.
 부모형제들의 이름은 물론이고 살아생전에 비밀리에 열쇠를 넣어 두었던 장소 따위를 알아 맞춰보도록 하기도 했다. 아이는 거침없이 대답했다.
 그뿐 아니라 집안 구석구석 제집(?) 드나들 듯이 하면서 맏아들이나 그밖에 식구들을 향해 엄하게 꾸짖기도 하는가 하면 온갖 기물들을 챙기기도 하면서 낯선 기색이라곤 한구석도 보이지 않는 것이었다. 여러 가지 테스트를 통해 아이는 부호의 현신이라는 공증을 얻은 것이다.
 이같은 전설같은 실화는 얼마든지 있다. 얼마 전에 방한한 어린 라마승도 같은 맥락에서 이해되는 예이기도 하다. 또 이같은 전생의 비밀을 능히 알아낼 수 있는 능력자들이 없지 않다.

오랜 기간 수도를 통해 타인의 전생을 볼 수 있는 사람이 있는가 하면 타고난 능력자인 탓에 그런 재주를 가지고 있는 사람도 있다.

그들의 얘기를 빌면 모든 이들의 전생을 볼 수는 있으나 아무나 혹은 아무 때나 개인의 전생을 밝힐 수는 없다는 것이다. 그것은 분명히 '하늘의 비밀'이기 때문에 허접스레 공개한다는 것은 뜻을 거역하는 행위로서 벌을 받는다는 것이다. 그런가 하면 사람에 따라서는 선뜻 그 사람의 전생이 보이고 또 쉽게 말을 해줘도 괜찮은 부류가 있다는 것이다.

비밀아닌 비밀을 사람들은 안고 산다. 끊임없이 이어져 내려오는 생명의 어느 순간에 '나'라는 존재에 이르러 '나는 누구인가, 어디서 왔는가 어디로 가는가'를 문득 생각하게 되는 것이다.

뒤를 돌아보아도 앞을 내다 보아도 캄캄할 뿐, 오직 현재만 보일 뿐이다. '찰나도 영원'이라는 말씀이 벽처럼 맞딱뜨려 진다.

사약(死藥)을 마시며

 엄청나게 규모가 큰 집 마당이었다. 모르긴 해도 임금님도 이보다 더 큰 집에서 살지 못할 것이라는 느낌이 들 정도로 으리으리한 집이었다.
 무슨 교주(敎主)의 집이라고도 했다. 그 교주는 종교에 얽힌 음모에 의해 결국 독살을 당하게 된 것이다.
 그 집 마당에서 사약(死藥)을 삼키게 된 것이다. 죽음과 동시에 시대는 바뀌어 왜정 초기에 와 있었다. 장총에 칼을 꽂은 왜병들이 횡행하고 있는 모습이 눈에 띄었다. 그들에 의해 죽임을 당하고도 있었다.
 억울하고 비참한 죽음이었으나 나라 형편이 못생긴 탓에 어쩔수 없는 죽음이었다. 역시 종교와 관련된 죽음이었다. 나는 그 종교의 신도였기 때문에 부득이 했다.
 그것도 여느 평신도와는 달리 창시자 가운데 한사람이었기 때문에 죽음쯤은 초월해 있는 형국이었다.
 스물 한살이 되던 해부터 시름시름 몸이 쇠약해지기 시작했다. 폐결핵이라는 진단을 받은 것은 얼마 후의 일이었다. 세상이 싫었다. 한창 공부하고 꿈을 실현시켜 나가야 할 무렵에 떨어진 날벼락이었다.

어떻게 손을 쓸 사이도 없이 병은 악화돼 엄청난 양의 피를 토해내곤 했다. 그대로 앉아 있다가 죽을 수 밖에 없다는 생각이 치밀 때면 병마에 의한 괴로움보다 훨씬 아픈 심리적 압박이 엄습하곤 해서 내 자신을 비참하게 학대했다. 죽음과 삶, 양자간의 밝고 어둠만을 생각하는 나날이 지나가고 있었다. 그 외에는 아무런 잡념(?)도 끼어들지 못했다.

어느 날이었다. 폐결핵이 말기 증세에 접어들어 저항력이 약해졌는지 그 당시 유행하던 '모택동 독감'에 감염되고 말았다. 내가 살아있는 건지 죽은 것인지 조차 분갈할 수 없을 만큼 탈진 상태에 빠져 있었다.

그래도 간신히 정신을 수습하고 자리에서 일어나 앉아 있었다. 순간 심한 재채기를 하는 것과 동시에 흡사 팥죽같은 피를 토해냈던 것이다. '아 이제는 정말 죽음을 맞이했구나'하는 생각이 밀려 왔다. 몸도 마음도 어디에 어떻게 있는지 도무지 분간을 할 수 없었다.

그때 커다란 마당에 앉아 있는 나를 발견할 수 있었던 것이다. 그것도 사약을 받아 삼키는 모습이 선연하게 눈에 띄었던 것이다.

당시 내가 받아먹던 사약을 지금 뱉어내고 있었다. 팥죽같은 피로 토해내고 있는 것이었다.

나의 전생을 나는 내 눈으로 확인할 수 있었다. 피를 토해낸 후 나는 기적처럼 깨끗하게 건강을 되찾을 수 있었다.

선친의 모습

 필자가 폐결핵으로 생사(生死)를 분간키 어려운 지경에 처해 있을 때였다. 아무리 애를 써도 치료하기 어렵다는 나름대로의 생각이 굳어지자 가출을 생각해 냈다.
 아무런 대책도 없이 무작정 집을 뛰쳐나왔다. 막다른 골목에서 택한 선택이었으나 '절망'의 확인이 아닌 '희망'의 출발이라는 느낌이 지금도 선연하다. 그런 느낌이 어디서 비롯되었는지는 아직도 그 비밀을 밝혀내지 못하고 있으나 아무튼 당시의 가출은 새로운 삶을 열게 한 출발점인게 분명했다. 마땅히 갈 곳이 있을 턱이 없었다. 무작정 기차나 버스를 타고 며칠을 헤매다가 발길이 닿은 곳이 마곡사 근처였다.
 언제부터인가 있었던 토굴에 병든 몸을 의지하기 시작했다. 무모하기 짝이 없는 투병생활이었으나 몸과 마음은 더할 나위 없이 편하고 즐겁기 조차했다.
 보잘 것 없는 양식으로 조석을 손수 끓여 먹는 생활이 계속되었다. 무념무상의 나날이 꿈같이 지나가고 있었다. 어느 날 하루해가 긴 산 그림자를 드리우고 저물 무렵이었다. 저녁 공양을 드리는 마곡사의 종소리가 유난히 청아하게 들리고 있었다.
　문득 시뻘겋게 타오르는 불속에 의연히 앉아 죽음을 맞이하는 선친의 모습이 눈앞에 떠올랐다. 그것은 스크린에 비치는 영상같다는 생각도 드는가 하면 당장 눈 앞에서 전개되는 실제의 모습같기도 했다.
　나는 철저하게 객관적인 입장에서 그 장면을 목격하고 있었다. '사실의 확인' 그 이상도 이하도 아닌 입장이었다. 그것은 전생의 아버지였다. 아버지는 물로 돌아가시기 전의 전생에서는 불속에서 육신을 불태웠던 것이리라.
　나의 모습도 보였다. 금강산 마하연사에서 참선을 하고 있는 모습이 역력했다. 나의 전생이 불자였단 말인가? 황홀하기 조차한 느낌속에서 펼쳐지는 장면 하나 하나를 가슴속에 각인하듯이 확인해 나갔다. 조부님의 모습도 간간히 비쳐졌다. 그러나 어느 때 생(生)의 모습인지는 분간할 수가 없었다.
　그러니까 전생인지 전전생(前前生), 그보다 더 오래 전의 모습인지가 구분되지 않았다. 어쩌면 내생(來生)의 어느 때를 일러줬는지도 모를 일이다.
　아직도 마음 구석에 의문부호로 남아있는 장면은 선친이 어느 전생에선가 불로써 생을 마감했다는 것이었다. 당시 나는 물에 빠져 유명을 달리한 선친의 정이 못내 그리워 병소(病巢)의 아픔보다 더 쓰라린 고통 속에서 나날을 보내고 있었기 때문이었다. 불과 물의 생성(生成)과 조화 속에서 선친의 운명을 이해할 듯 하면서도, 불속에 의연히 가부좌로 앉아 있던 선친의 모습은 아직도 선연히 남아 끝없는 의문을 던지고 있다.

어쩔 수 없는 길

 필자가 이날 이때까지 품고 있는 의문 가운데 하나가 있다. 운명, 그것에 관한 것이 늘 체증으로 남아 까닭없이 심사를 뒤틀리게 하곤 한다. '운명은 정말 어쩔 수 없는 것일까?'
 운명이란게 무슨 깔려 있는 레일 위를 달리는 기차처럼 진짜 어쩔 수 없이 외길로 가야 하는 것인가 하는 의문이 부지불식 간에 마음을 무겁게 하는 것이다.
 연유를 따져 올라가면 20여년 전으로 거슬러 올라 간다.
 필자는 생각한 바가 있어〔전생의 업을 닦아내기 위해서라는 표현이 적당할 것이다〕타향인 남녘땅 P시에서 아무도 모르게 어떤 목욕탕에서 일을 하게 되었다. 순전히 자청해서 한 일이었다. 나로서는 '반드시' 그런 일을 해야만 하는 그런 '운명'이었다.
 주인집 어른들도 더없이 좋은 분들이었으며 나날이 맞이하는 손님들도 역시 정겨운 분들이었다.
 또 일단 시작한 일이었기에 누구보다 부지런히 그리고 열심히 일을 했다. 여러 단골손님 가운데 특히 박모씨라는 분이 있었다. 그는 필자를 유난히 좋아해서 사흘이 멀다하고 목욕탕으로 찾아 왔다.

필자도 성심껏 대우해 주었다. 그는 필자를 대할 때마다 '자네는 이런 곳에서 있을 사람이 아닌데…'라며 얼굴을 찬찬히 뜯어보곤 했다. 흡사 필자의 내심을 잘 알고 있는 듯한 모습을 보이곤 했다.

그런 그를 필자도 대화의 상대자로 기꺼워했으며 늘 즐거운 마음으로 맞이해 줬던 것이다.

그러던 어느 날이었다. 그날따라 그는 우울한 표정으로 몸단장을 하고 있기에 필자가 먼저 말을 걸었다. 그의 표정에 심상찮은 그림자가 완연했다.

"박선생님, 오늘 표정이 밝지 않습니다."
"…"
"초상집에 가시죠"
"어찌 알았소?"
"안가셔도 되는 자리면 가시지 마시지요."
"…"

그분에게 '안가셔도 되는 자리면 가지말라'는 말을 하면서도 필자는 소용없는 일임을 이미 알고 있었다. 결국 그는 필자의 말과는 아무런 상관도 없이 초상집엘 갈게 확실했다.

필자가 이따금 그의 운수를 일러준 탓에 초상집엘 갈 것이라는 말에는 크게 개의치 않았다. 필자 역시 그런 것은 염두에 둘일도 아니었다. 그것보다는 그의 모습에 짙게 드리운 죽음의 그림자가 두려웠던 것이다. 이미 그는 '죽음의 길'로 들어서고 있었으며 나 따위가 가로막고 방해할 일이 아니었다.
'안가면 될 일'이 아니라 '별수 없이 갈 수 밖에 없는 일'이었던 것이다.
다음날 그는 뇌출혈로 쓰러져 끝내 눈을 감았다는 소식을 들었다. 밤새 뜬눈으로 지새운 나는 그의 시신이 집을 떠나는 날, 거처며 직장(?)이었던 목욕탕을 뒤로 하고 또 다른 길에 올랐다.
업을 닦기 위한 필자의 한 과정이 그렇게 끝나가고 있었다.
'어쩔 수 없는 길'을 걷는 나그네가 되어….

마애불상의 비밀

　예전에 부인 네 명을 거느린 사람이 있었다.
　첫번째 부인은 자신의 몸뚱이처럼 아껴주고 보살폈으며 둘째 부인도 소중하게 여겨 늘 곁에 두고 사랑해 줬다고 한다.
　세번째 부인 역시 다정하게 알뜰살뜰 챙겨 주었지만 어쩐지 유독 네번째 부인만큼은 업신여기고 늘 뒷전에 밀려나기 일쑤였다. 그러다가 부인들의 남편이 병이 들어 죽음이 눈앞에 다가오게 되었다.
　남편은 네명의 부인들을 한자리에 불러놓고 마지막 유언을 하게 되었다. 첫번째 부인에게 물었다.
　"부인, 나와 함께 저승길을 떠납시다."
　그러나 그녀는 말없이 고개만 가로저었다. 두번째, 세번째 부인 역시 같은 대답뿐이었다. 끔찍이 사랑하던 세명의 부인들이 마지막 순간에 자신의 뜻을 거역하자 남편은 커다란 배신감에 몸을 떨었다. 끝으로 네번째 부인에게 힘없이 물었다.
　"부인, 당신 생각은 어떻소?"
　그러자 뜻밖에도 네번째 부인은 '당신이 가시는 길이라면 기꺼이 따르겠다'는 대답이었다.
 평소 보살펴 주지도, 사랑하지도 않았던 네번째 부인이 기꺼이 따르겠다는 대답을 들으며 남편은 저승길로 들어섰다.
 불가(佛家)에서는 업(業)을 중요시한다. 자기가 지고 가는 짐과도 같은 것이라고나 할까. 다른 이가 대신 할 수 없는 숙명과도 같은 것이리라. 앞서의 예화에서 첫 번째 부인은 육신〔몸뚱이〕을 상징하고 두번째 부인은 재물〔재산〕을 일컫는다. 그리고 세번째 부인은 형제 자매를 가르키며 마지막 네번째 부인은 자신이 지고 가야 하는 업을 상징하고 있다.
 사람은 저마다 뗄려야 뗄 수 없는 하나씩의 업을 품고 살다가 품고 간다는 운명론을 설파하고 있다.
 그 업의 꼴〔모양〕대로 전생과 현생과 내생이 결정된다는 것이다. 도솔암의 마애불상을 처음 보았을 때 필자는 필자의 조부와 선친의 모습을 떠올린 적이 있었다.
 필자의 조부는 그곳에서 불심을 키우며 청운의 꿈을 실현하고자 각고의 노력을 했으며 선친 역시 전란의 와중에서도 때때로 찾아와 뜻을 키웠던 곳이었다. 필자의 눈에는 그래서인지 불상의 모습 속에서 '나' 자신의 과거와 현재를 읽을 수 있었으며 미래의 궤적을 상상키 어렵지 않았다.
 '짊어지고 가야 할 운명의 보따리는 풀어보지 않아도 이내 알 수 있다'는 옛말이 떠오른다. 그것은 지금의 '나'가 무엇을 하며 어떻게 살고 있는가를 짚어보면 쉽게 알 수 있는 것이다.
 '지금'은 어제와 내일의 거울이기 때문에 그렇다는 것이다.

운명을 받아들이는 법

예로부터 길흉화복은 자기 하기에 달렸다고 한다.
좋고 나쁜 일도 어떻게 받아들이고 또 어떻게 소화하느냐에 따라 결과가 달라진다는 뜻일 게다. 화가 복이 되고 반대로 복이 화가 되는 예가 허다하다.
결국 길함과 흉함은 각기 따로 있는 게 아니라 손바닥과 손등처럼 동체를 이루고 있다는 뜻이 된다.
묘하게도 좋은 일에는 반드시 나쁜 일도 따르게 된다. 그 반대의 경우도 있다. 만화같은 얘기지만 빈털터리가 복권 한 장으로 억대의 돈을 거머잡는 행운을 잡았다가 어처구니 없는 일로 다시 알거지가 되는 외에 목숨까지 날려보냈다는 예는 실제로 있어 왔다.
문제는 길흉화복을 어떻게 관리(?)하느냐에 달려 있다.
십수년 전 일이다. 필자와 절친한 친구가 있었다. 어느 날 우연히 그와 목욕을 함께 할 기회가 있었다.
우리는 잡담을 나누며 물에 몸을 담그고 있었다. 어느 순간 물에 젖은 그의 얼굴을 보는 순간 필자는 깜짝 놀랐다. 그런 필자를 보고도 그도 함께 놀랄 정도였다.
 "왜 그래?"
 그가 먼저 물었다.
 "자네, 서둘러 집에 가보게. 그러나 모든 일에 아주 너그럽게 대처해야 하네. 내말 명심하고 마음을 넓게 가져야 해…"
 "…"
 내 말에 그는 아무 소리 안하고 목욕탕을 빠져 나갔다. 그는 필자의 '버릇'을 익히 알기 때문에 시키는대로 했던 것이다.
 그가 집에 가보니 역시 큰일이 벌어져 있었다. 대여섯살짜리 아들이 동네 이웃집 개한테 물려 무려 80바늘을 꿰메야 하는 중상을 입었던 것이다.
 친구는 아연실색 했으나 이내 정신을 수습하고 가해자인 개 주인을 오히려 안심시켰다.
 "너무 염려 마시고 개를 반드시 묶어 두십시오. 우리도 개를 키우는데 어쩌겠습니까?"
 이웃집의 귀한 아들을 엄청나게 다치게 한 죄로 어찌할 바를 모르고 있던 개주인은 그 한마디에 너무나 고마워 감동할 정도였다. 일은 잘 수습되었다.
 그러나 마지막 단계인 치료비 문제로 잡음이 생겼다. 친구는 모든 치료비를 자신이 우선 내고, 부담한 금액만큼만 개주인에게 선처해 줄 것을 역시 점잖게 요구했다.
 그때부터 개주인의 태도가 표변했다.
 '왜, 개가 있는 데서 놀게 내버려 뒀느냐'는 억지를 부리며 치료비를 부담하지 않겠다는 거였다. 그러나 친구는 끝까지 너그럽게 대했다.
 아들이 다친 것도 업(業)때문이라고 잠음을 일으키는 가해자 쪽도 업 때문에 그런 것이리라고….
 친구의 가정은 이내 평온을 되찾았다. 그러나 가해자쪽 집안은 비극에 휩싸이고 말았다.
 교통사고로 엄청난 일을 겪어야 했으니…. 억지로 피한다고 길과 흙이 비켜가는 것은 아니다. 담담하게 받아들이고 역시 의연하게 보내야 되는 것이 인간사인 것이다. 전생에 지은 업이 있음에 어찌 피할 수 있겠는가.

영혼의 영생

어제 오후 비를 담은 바람이 법당 앞에 꽃잎을 떨어뜨리더니 문득 아침이 되어 청량한 햇살이 비치고 있다.
'남쪽 창가에 난 국화꽃을 한송이 무심히 따서 북쪽 하늘을 바라본다'는 옛시인의 시구절이 생각난다.
무섭고 빠르게 돌아가는 미국의 뉴욕생활 속에서도 문득문득 깨닫는 것은 역시 내 마음의 한구석에는 자라고 교육받았던 조국의 심성이 뿌리깊게 자리잡고 있다는 것이다.
특히 비바람이 치고 천둥이 울리거나 또는 햇살이 밝아 많은 생명들이 자신들의 온갖 모양을 뽐내는 계절이면 자연에 대한 깊은 사랑, 생명의 존귀함에 대한 경하 등을 중심으로 해온 한국의 자연주의적 정서를 깊이 느끼곤 한다.
인간의 생명은 어디서 기인하는 것인가. 그리고 인간은 어디로 가는가. 또한 인간은 현재 살아있는 이 자리의 이 모습이 과연 어떠한 조건 속에서 존재하는 것인가?
역사상 수많은 성현들은 인간이 가지고 있는 원초적인 질문에 대한 해답을 찾기 위해 끊임없는 고행의 길을 걸었다.

부처님이 설산의 고행을 통해 인류가 고통에서 벗어나는 근본적인 깨달음을 얻고자 했고, 예수님도 광야의 금식과 잘못된 정치에 도전하는 입장을 보이며 이웃사랑의 도덕률을 위해 몸을 바쳤다.

공자는 '인(仁)'이라는 치세윤리를 천하에 실현키 위해 수레를 타고 수많은 국가, 제후를 만났으며, 동학의 최제우도 '인간은 곧 하늘이다'라는 놀라운 인간혁명의 모토를 제시하며 부패 무능한 봉건정권에 도전하다 결국 유명을 달리했다.

우리의 역사상 많은 사상 철학자들 조차도 인간의 생명에 대한 깊은 의미는 결코 잘못된 행복과 지나친 이기심에서만 나타나지 않는다고 이야기하고 있다.

인간의 생명, 좁게 말해서 현재 나의 생명은 그저 끝나는 것인가. 인간은 영생할 수 없는가? 많은 기독교인들이나 불교인들 또는 한국의 전통 종교를 따르는 사람들 모두 인간의 영생, 극락, 해탈 등을 찾기 위해 헤매고 있다.

그러나 우리는 현재 가장 중요한 의미있는 것을 그저 지나쳐 버리고 있는게 아닌가 생각한다.

인간은, 현재 살아있는 모든 인간들은 영생하고 있다. 인간의 생명이 유한하다는 판단은 자신의 에고(ego)와 자신만의 육체를 생각함에서 나오는 잘못된 오류이다.

나 개인의 생명은 아버지, 어머니, 할아버지, 할머니의 삶과 연결된 전체 생명의 한 부분에 불과하다. 아니 그 연결고리로서의 한 부분이기에 더욱 중요할 수도 있다.

그리고 또한 나의 생명은 내가 낳은 아들, 딸 등의 자식들을 통해 끝없이 이어가게 된다. 이 지구의 종말이 올 때까지, 이 세상 끝날이 될 때까지 나의 생명은 그 핏줄속에서 DNA의 유전정보를 통해, 얼과 정신을 통해, 습관을 통해, 기질을 통해 이어지게 된다.

영생의 개념을 기존 종교들은 단지 형이상학적이고 때로는 관념적으로 더 나아가서는 비과학적인 방법으로 모색해 왔다.

그러나 내가 가진 생명의 의미를 60년이라는 한 개인의 생애에 맞추기보다 다른 넓고 깊은 시각에서 본다면 지금 살아있고, 가정을 가지고 아이를 낳고 살고 있는 사람이라면 모두 영생을 가질 수 있다.

가정이 천국의 열쇠이며 가장 중요한 인생의 기반이라는 평가도 이것과 다름이 아니다.

'효(孝)는 백행지본(百行之本)'이라는 옛말이 있으며, '가화만사성(家和萬事成)'이라는 속담도 있다.

인간이 가정을 중심으로 한 기본 도덕률을 준수하면서 조상을 예배하고 더 나아가 자식들은 내 생명의 영속체로서 귀하게 여기고 교육시키는 것, 그것이 인간이 가진 생명이 영생하려면, 해탈하려면 가져야 하는 기본조건인 것이다.

누가 인간은 영생하기 위해 무엇 무엇을 해야 한다고 가르치는가?

누가 인간이 영원한 세계에 들어가기 위해서는 원죄를 씻는 특별한 의식을 거쳐야 한다고 이야기 하는가?

인간들에게 원죄의 굴레를 씌워 피상적인 종교 도덕에 얽어매는 범죄를 저지르지 말라.

인간은 본래 밝게 세상에 났으며 자신의 생명을 있게 한 부모님을 공경하고 자식들을 사랑하고 배우자와 함께 험한 인생살이를 헤쳐 가면 그곳이 천국이 되고 극락이 되는 것이다.

우리 인간들의 생명은 온 우주의 가치가 한곳에 밀집된 우주적인 존재이며 나 하나의 생명을 탄생시키기 위해 수많은 조상들의 공덕과 자연만물의 정기가 스며 들어가 있다.

이제 인간의 생명은 한 개인의 육체에 얽매이는 사고에서 벗어나 역사의 긴 시간으로 또 자연 만물과의 만남과 윤회로 변화되어야 한다.

'지장보살'의 원력

 모든 중생들이 성불하여 극락에 들기까지 자신은 열반에 들지 않겠다고 서원을 세웠던 깨달은 자.
 그의 원력은 과거, 현재, 미래를 통털어 종교가 가지는 인연의 진수를 가르치고 있다.
 땅속 수천길 깊은 명계(冥界)에서 인간의 죽음을 담당하며 새로운 인간의 각성을 돕고 있는 보살, 그는 다른 붓다, 보살들과 같이 화려하지도 않고 우아하지도 않는 모습을 보이고 있다.
 눈이 크고 힘이 세고 울긋불긋한 사천왕과 같이 역동적인 힘도 느껴지지 않는다. 그러나 그의 모습은 모든 이들을 향해 자비의 손길을 뻗치는 진정한 종교 혼의 모습 그것이다.
 지장보살의 상징인 땅―.
 죽음을 목전에 둔 인간들과 뭇생명들은 자신들이 가야 할 영혼의 세계와 새로운 윤회의 길을 생각하게 된다.
 어디로 가야 하나?
 전생의 인연이 깊고 넓은 이들은 인간의 몸을 받고 새로운 수행의 길을 나서지만 인연이 엷고 악업을 지은 사람들은 자신들의 행동을 후회하며 축생 또는 미생물의 몸을 받게 된다.

또한 철저하게 인간됨을 저버렸던 사람들은 원소로 화하거나 광물질들로 변해 버려 수천억겁 뒤에 올 인연의 씨앗을 바라고 현상계에 머물러 있을 수 밖에 없게 된다.

지장보살. 지장보살의 상징인 흙은 모든 것을 포용하고 있다. 곡식을 내서 인간을 살리기도 하고 또한 어느 누구를 막론하고 죽은 이들의 몸을 받아 큰 땅의 하나라 받아들인다.

부귀영화를 누리고 살았던 자들, 한다하는 인생을 살았던 자들, 모두가 죽음이라는 똑같은 과정을 거쳐 결국 흙의 일부로 돌아가게 한다.

지장보살의 가장 큰 원력인 죽음을 불사하여 중생을 구도하겠다는 그 원력, 그 원력은 세속을 떠나 산간에 들던 나의 첫 초발심에 있어서나 현재까지 공부하여 경을 읽고 기도를 드리며 하화중생(下化衆生)의 길에 나왔던 나에게 큰 지주가 되고 있다.

지장보살의 그 자비와 대원—인간은 어느 누구나 죽음을 맞게 된다. 종교는 바로 그 인간 삶의 극한 상황인 죽음을 가장 큰 모티브로 하여 생성된다.

붓다의 유심 출가와 7년 고행의 가장 큰 동기 역시 인간의 죽음이라는 숙명적인 과제였으며 역대 조사, 선사들의 가장 큰 수행목표도 죽음을 초극하는 완전한 깨달음을 얻는 것이었다.

죽음이 있다는 것, 한계가 있다는 것 자체가 바로 수행자들에게 용맹정진의 저력을 있게 하는 것이며, 그 죽음의 완전한 평등이 윤회의 절대적 법칙의 기초가 되고 있다.
 뉴저지 후암정사는 지난 해에 지장보살을 본존으로 모셨다.
 현재 목아 불교 박물관을 운영하고 있는 전승 목각공예의 대가인 박찬수씨가 3년여의 공을 들인 끝에 조성한 목조 지장보살을 봉헌한 것이다.
 그의 불교에 대한 신심과 평소 지장보살을 모식 기도를 하던 나의 뜻이 맞아 미국에서는 처음으로 인간문화재가 직접 조성한 목각 불상이 후암정사에 안장된 것이다.
 지난 가을, 겨울, 그리고 올해 봄, 여름을 나면서 나는 기도 기간을 정해놓고 기도를 계속 했다. 그 기간동안 나의 머리를 tm치고 지나갔던 무수한 생각들은 현재 짧은 필설로써 다하지 못한다.
 그러나 뉴욕에 뿌리를 내린지 2년여에 내가 내린 결론은 지장보살의 서원이 미국에 미치기 시작했다는 확신이었다.
 미국은 내가 해외 포교에 뜻을 가졌던 80년대 중반부터 급속하게 경제, 정치, 사회문제 등이 나타나기 시작했다. 한국에서는 말로만 듣던 미국 사회의 문제점을 미국에 와서 직접 보고 실로 섬뜩함을 느꼈던 적이 한 두번이 아니다.
 미국의 쇠퇴 그 이면에, 또 한국 교포들의 불안 그 뒷면에는 바로 인종 편견이라는 미국의 크나 큰 병이 자리잡고 있었던 것이다.
 지장보살의 대원력은 모든 것을 하나로 포용하는 것이다. 그러나 미국은 백인은 백인대로, 흑인은 흑인대로, 또 아세안은 아세안대로 자신들의 정해진 울타리에서 타인종과 미국을 파악하려는 편견에 사로잡혀 있다.
 그런 편견에서 해방되는 과정을 거치지 않고서는 민주주의 꽃이라고 불리는 미국도 로마나 영국과 같은 몰락의 길을 걸을 수밖에 없다.
 지장보살의 위대한 원력은 바로 자신은 천국에 가지 않으면서 단지 중생을 제도하고 포용하려는 그 대자대비의 정신에서 유래하고 있다.
 내가 후암정사에 지장보살을 모신 후, 많은 불자들이 찾아와 함께 기도를 드리며 보살도의 실천을 맹세하고 있다. 불자들과 함께 기도드리면서 바라는 덕목은 바로 '죽음을 넘어서까지도 선한 인연을 쌓을 수 있는 금강과 같은 대자대비의 마음을 갖게 하소서'라는 것이었다.

과학과 영의 세계

 구명시식은 영혼 문제를 다루는 불교의식의 하나이지만 현대의 초심리학이나 유전공학 등 과학적인 설명으로도 충분히 설득력을 가지고 있다.
 초심리학중 조상령을 설명하는 분야에서 한 개인에게는 조상들의 영이 함께 붙어다닌다는 설명이 있다.
 이것은 곧 개개인의 인간이 단지 몸과 마음이라는 2분법적인 유기체이기도 하거니와 특히 시간을 통해 전수된 영혼, 곧 조상의 영혼을 함께 가지고 있는 중요한 존재라는 설명이 될 수도 있다. 유전공학, 분자생물학에서 DNA속에 내재하고 있는 유전정보는 한마디로 극히 물리적, 화학적, 생물학적인 개념이다. 곧 정신적인 설명보다는 물질에 들어있는 정보가 몸을 통해, 생식을 통해 후손에게 전달된다는 지극히 간단한 우생학적 고찰에 기인하고 있다.
 그러나 유전정보 자체가 그 정보의 특이성을 구유(具有)하는 과정 그리고 그 정보의 완전한 전달 기능에 대하여는 아직까지도 설명되고 있지 않다.

그러나 한편으로는 인간의 영혼의 문제 그리고 조상령의 빙의와 잠재적인 운명에 대한 행사 문제 등은 단순한 해석으로도 가능한 것이다. 곧 유전정보 속에, 유전인자 속에 들어있는 고유한 기질과 특성은 자연과학적인 전달을 통해서 해석된다. 그렇다면 그 유전정보의 현현은 단지 물리적인 성격이나 행동으로 설명되지 않고 그 조상령의 힘이 행사되는 것으로 설명할 수 있지 않겠느냐는 것이다.

곧, 한 인간이 가지고 있는 고유한 특질, 궁극적으로는 인간됨 그리고 운명 자체가 물려받은 성격과 특질, 운명의 커다란 프로그램에서 벗어나지 않는다면 이것은 곧 수많은 조상령이 나에게 현재 보이지 않는 힘을 행사하고 있다는 설명도 될 것이다. 인간의 죽음과 삶 그리고 운명의 변화는 도대체 어떻게 설명될 수 있는가. 그리고 그 알 수 없는 운명의 배후에서 힘을 행사하고 있는 것이 무엇인가?

누구는 사고를 당해서 일찍 삶을 마감해야 하고 어떤 사람은 특별하게 잘난 것도 없는데 아버지 덕으로 부자가 되고 높은 자리에 올라서고 하는 일은 무엇인가.

가난하고 사랑이 없는 집에 원치않는 자식들만 열명씩 가득 넘치는데, 아들 하나 낳으려고 그렇게 애를 써도 되지 않는 부자집의 안타까움은 또 어떻게 생각할 수 있는가. 많은 사람들이 성공을 위해, 부귀영화를 위해 노력한다. 또한 그보다 많은 사람들은 인간의 바른 도리인 남을 위해서 사는 헌신적인 인생을 살기 위해 노력하고 있다.

그러나 한 인간의 노력과 의지만으로 움직일 수 있는 자신의 운명에는 한계가 있다.
 그것은 바로 초심리학에서 이야기한 조상령의 빙의가, 유전공학에서 이야기한 선대의 유전정보가 눈에 보이지 않는 운명의 틀을 구획짓고 있기 때문이다.
 삶이 웬지 풀리지 않고 사고를 당하고 애석한 일만 가득찬 인생은 그들 조상의 업(業)이 그다지 밝고 명쾌하지 않기 때문이다. 생전에 살생을 즐겨하고 남 괴롭히기를 밥먹듯이 한 사람의 자손들은 반드시 그 조상의 업을 후손이 받게 된다.
 집안에 미친 사람이 나오고, 병이 들고, 사고가 나고 하는 우환이 있으면 그 배후에는 반드시 그 물리적 변화를 일으키게 하는 심리적 변화가 숨어 있다.
 몸의 병은 반드시 그전에 마음의 병이 먼저라는 동양의학의 가르침이 이를 지적해 주고 있다.
 구명시식은 바로 이러한 의식의 구겨진 부분, 맺힌 부분을 풀어주는 것이다. 물론 여기에는 조상의 영혼을 부르는 초령의식이 필요하다. 수행하는 승려들도 도력이 세거나 또는 특별한 영능자들이 이를 실수없이 해나갈 수 있다.
 영혼의 세계는 몸의 세계와 같다. 유도시합을 할때 힘이 부치면 상대에게 지고 만다. 업어치기를 당하거나 목조르기 등에 항복해야만 한다.
 영혼의 세계도 마찬가지다. 초령시 상대의 영혼에 감당하지 못하면 의식을 집전하는 승려 자신도 큰 화를 당할 수 있다.
 그러나 구명시식을 집전하는 승려나 의식을 치르는 후손들 모두가 가져야 하는 기본적인 정신 자세가 있다. 그것은 반드시 조상들의 영혼을 불렀을 때 그의 말을 듣고 이를 고치려고 노력하려는 부응심을 보이는 것이다.

  나라와 민족을 생각하고 훌륭한 삶을 살았던 위인들의 후손들은 반드시 뼈가 굵고 생각이 깊다. 그들은 만용(蠻勇) 대신 진정한 용기를 알고 있으며 의(義)를 위해 자신을 던질 기개를 가지고 태어난다. 세상의 변화에 부응하여 자신의 처세와 이익에 급급했던 척을 진 무리들의 후손은 반드시 반사회적 행위를 저지르는, 없느니만 못한 성격을 가지고 태어난다.

  그것은 바로 현재를 사는 인간들에게 그들 조상들의 영혼이 빙의하고 있으며 또한 상대기준이 맞으면 바로 조상령의 시키는 바에 따라 나쁜 짓을 스스럼없이 저지르게 된다.

  이것을 우리는 흔히 '피는 못 속인다'고 말하며 '그 아버지에 그 아들'이라는 표현을 쓰게 된다. 구명시식은 긴 생명의 척진 부분을 풀어주는 것이다. 이것은 단지 불교의 한 의식이기도 하지만, 많은 인간들에게 현재의 정신 자세를 바로 갖고 살게 하는 가르침이기도 하다.

  자신의 바른 마음 하나에 따라 자신들의 운명과 후손들의 운세가 달라진다는 교훈을 주고 있기 때문이다.

  누가 이 세상 하늘 아래에서 고독하게 혼자 산다고 이야기할 수 있는가. 우리는 큰 하늘, 땅과 함께 먼저 살았던 수많은 조상들, 또 앞으로 살아갈 나의 수많은 후손들과 함께 살고 있다. 인간이 가치 있다는 것은 바로 천지간에 나를 통해 무엇인가 깨달을 때, 한 인간의 운명은 자신이 예기치 못하게 바뀔 수 있다. 보다 나은 방향으로….

영혼과 우주의 시스템

 사람이 살아가는데 있어서 가장 중요한 것은 질서이다. 질서는 단지 한 인간의 개체를 유지하는 기본이 될 뿐 아니라 우주 전체의 현존을 있게 하는 것이기도 하다.
 이러한 우주의 질서, 인간 내부의 질서는 사회학적인 조화와 종의 영속성이란 생물학적인 개념으로 표현되기도 한다.
 천지간의 질서는 바로 우주의 처음에서부터 끝까지 변하지 않는 불변의 법칙들로써 행성들, 해와 달, 지구를 움직이는 기본적인 힘이 된다.
 이러한 질서는 어떠한 한 인간에 의해, 그의 단순한 의지에 의해 좌우되거나 깨지지 않는다. 만약 천지간의 질서를 변화시키려거나 파괴시키려고 하는 자가 있다면 스스로 큰 질서의 틀에 끼어 파멸해 버리는 운명을 맞이 할 수밖에 없다.
 한 철학자는 이렇게 말했다.
 "인간이 파괴할 수 있는 법칙은 유일하게 인간이 만든 법칙뿐이다."
 인간의 의지에 의해 좌우되지 않고 시간과 공간의 한계를 넘어서는 법칙 그것은 과연 무엇인가.

 인간은 탄생해서 죽는 순간까지 천지간 대우주 법칙과 인간 개개인의 내부에 존재하는 소우주 법칙에 의해 지배를 받으며 살아간다.

 또한 대우주 법칙과 소우주 법칙은 긴밀하게 관계를 맺고 있으며, 한 인간의 운명과 생로병사에 이르기까지 만사가 대우주 법칙과 소우주 법칙의 반응과 조화 속에서 만들어지고 있는 것이다.

 우연과 필연을 말할 때, 이 세상에 우연이라고 부를 수 있는 일은 없다. 모든 것은 결국 우주법칙들의 상호관계 속에 만들어지는 결과론에 불과한 것이며, 다만 전체 우주법칙의 외연적 부분을 고찰하지 못했을 때 우연이라는 말을 하게 된다.

 우연히 일어난 일, 우연히 마주친 사람 등의 일반적 표현은 결국 인연에 따라 우주의 법칙에 따라 나타나고 만나고 하는 필연적인 사건들인 것이다.

 이러한 세상만사의 배후에서 그 조화와 반응을 조정하고 있는 우주법칙들은 최종적인 목표, 곧 우주의 완성, 큰 깨달음을 향하여 나아가고 있다.

 인간의 역사는 처음부터 끝까지 우주법칙이라는 질서 속에서 완성을 향하여 나가는 프로그램 속에서 진행되고 있다.

 인간은 이러한 우주의 커다란 법칙과 가치를 인식할 때, 깨어 있는 정신을 가질 수 있으며 보통 인간의 수준을 넘어 최종적인 완성된 인간의 모습에 까지 접근할 수 있다.

 인간이 생각한다는 것 — 이것이 천지간의 가장 큰 우주법칙이다. 모든 창조물과 조물주의 존재 완성의 경지, 이 모든 것은 인간이 생각한다는 것에 기반을 두고 있다.

오히려 하나의 개체, 개체들에게 의식한다는 것, 생각한다는 것 자체가 우주의 창조, 생명의 창조와 같은 가치를 가지고 있다.

한 인간, 한 개인의 의식은 극히 작은 부분이지만, 그 작은 부분은 결국 커다란 세계 역사를 사유하고 가치를 탐구하는 기본적인 요인이 되기에 가장 귀중한 것이다.

현대에 들어와서 발달되기 시작한 인지과학(認知科學)은 인간이 가지고 있는 생각과 의식에 대해 과학적인 접근을 보여주고 있는데, 인간이 사고한다는 것 그 자체가 인간이 가지고 있는 인간으로서의 가치를 결정하는 키가 된다는 것을 지적하고 있다.

또한 뇌생리학 등의 첨단학문에서도 인간의 뇌와 사고에 대해 자연과학적인 접근을 시도, 해석을 내리고자 노력하고 있는데 학계의 권위자들 조차도 인간의 의식에 대해 궁극을 캐들어 간 결과 '인간은 우주로 열린 작은 창'이라는 종교적 결론을 내리고 있는 것이다.

결국 장차 계속될 학문, 과학의 발달은 인간의 본질을, 의식의 가치를 어디까지 규정할 것인지 지금으로서는 상상하기 어렵다. 왜냐하면 끊임없이 발전하고 있는 과학 발달이 종교의 우상과 편견을 현재까지 수없이 파괴시키고 변화시켜 왔기 때문이다.

시간의 법칙에 관하여 생각해 볼 때, 온 우주공간 모두는 시간의 지배를 받고 있다. 시간을 고대, 현재, 미래로 나누어 생각한 것은 인간이지만 그 한계를 벗어나 자유자재로 시간을 제어하거나 통제한 사람은 아무도 없다.

우주의 창조 당시, 조물주는 인간과 만물을 시간이라는 한계속에 가둬 놨으며 그 한계는 결국 인간에게, 만물에게 벗어날 수 없는 법칙으로 작용하고 있는 것이다.

그러나 여기서 중요한 것은 시간의 법칙이 단지 직선적으로 과거로부터 미래까지 연장되는 디지털 속성을 가진 것은 아니라는 것이다.

그것의 단적인 예를 두가지 지적하면 다음과 같다.

첫째 시간은 과거·현재·미래가 3단계로 나뉘어질 수 있는 단순 구획된 것이 아니고, 과거·현재·미래가 모두 하나로 밀접한 연관을 맺고 있다는 것이다.

이것은 결국 연기론에 바탕을 둔 이야기지만 현재는 과거의 인연에 따라 결정지어지는 기대치라는 것을 생각할 때 시간이 가진 직선적 개념은 사라지게 된다.

또한 먼 미래는 우리가 살아온 먼 과거와 연결되어 있다. 결국 우주의 시간은 시작과 끝이 없는 연결된 고리로써 서로가 서로에게 밀접한 영향력을 행사하고 심지어는 작용과 반작용을 주고 받는 하나의 몸체를 가진 실체이다.

두번째로, 시간은 갈수록 압축되어 나간다는 것이다.

간단한 말로 과거의 천년이 근대의 백년이고, 근대의 백년은 현대의 10년꼴로 시대는 급변하고 발전해 나가고 있다. 인류의 역사를 놓고 볼때 인간이 불을 쓰고, 도구를 만들게 되기까지는 수십만년이라는 기간을 필요로 했다. 그러나 그후 인간이 사회조직을 만들고 국가를 만들고 경제제도를 만들게 되기까지는 수천년의 세월도 필요하지 않았다. 그후 인간이 전기를 발견하고, 컴퓨터를 쓰고, 전화로 통화하게 된 것은 단지 수십년만의 변화에 불과하다.

앞으로 물질문명의 속도가 가속화 되어 나감에 따라 인간이 인간의 문화나 물질, 발전, 속도를 컨트롤 하지 못하는 상황에 닥칠날이 올 것이다.

이것은 결국 자체 내의 엔트로피(entropy)가 높아져서 최종적으로는 이를 이겨내지 못하고 파괴돼 버리는 것처럼, 현재도 전문화로 인하여 사회 각 분야에서 서로 소통을 하지 못하고 부조화가 발생함으로 말미암아 사회 전체가 불균형으로 발전하고 있는 모습을 보여주고 있다.

결국 시간도 물질의 압축과 팽창처럼 시간의 영속에 따라 압축되며 결국 블랙홀의 최종단계에 큰 폭발이 일어나는 것과 같이 인류 역사의 시간도 큰 폭발 속에 종말을 고하게 될 것이다. 물질은 운동을 계속한다는 것이다.

우주간에 창조된 모든 것은 운동을 하고 있다. 아니 우주 자체가 운동하는 유기체다.

작게는 모든 분자 · 원자 · 소립자에서부터 크게는 행성과 성단에 이르기까지 모든 것들은 끊임없이 변화하고 운동하고 있다.

인간도 마찬가지다. 현재 이 자리에 서 있는 한 개인이 '나는 변화하지 않는다. 나는 현상을 유지하고 싶다'고 아무리 소리쳐도 그의 몸과 마음뿐 아니라 환경 또한 시시각각으로 변화하고 있다.

어떤 권력자가 높은 직책을 차지하고 영원토록 그 자리를 차지하고 싶다 하더라도 언젠가는 그 자리가 남에 의해서 대체되어져야 한다.

물질에 대한 소유권도 마찬가지이며 인간의 만남 또한 영원한 것이 없다.

우주간에 아니 우주 자체가 변화하고 있다는 법칙은 인간이 그 변화에 자체를 냉엄하게 받아 들여야 한다는 것을 말해주고 있는 것이다.

사랑하는 아내와 자식들, 존경하는 부모, 훌륭한 스승, 신뢰할 수 있는 제자, 후배들 모두는 일정한 시간이 지나면 물질적인 형태를 벗고 죽음이라는 단계를 통해 내곁에서 사라진다.

아니 어떤 단계에 가면 내가 스스로 죽음을 맞이함으로써 그 모든 것을 잃어버려야 하는 것이다. 이것은 인간이 가지는 숙명이며 천지간의 법칙이기 때문에 누구도 막을 수 없고 변화시킬 수 없다.

인간이 이러한 변화의 큰 바다에서 자신의 본심을 지키고 완성으로 향해 나아갈 수 있는 길은 변화의 이면에 있는 변화의 가치를 다시 확인하는 것이다. 다시말해 변화는 있는 가치를 잃는다는 패배적인 관점이 아니고 새로운 가치를 계속 창조해가는 혁명적인 개념이다.

결국 인생은 새로운 것을 찾아나가는 여행이며 그 여행 자체를 인정한다면 변화는 오히려 성취와 완성을 자극하는 계기가 될 수도 있다.

음과 양의 법칙

창조된 모든 것들은 음과 양의 양극성을 띠고 있다.
인간이라는 종(種)을 놓고 볼때 남과 여라는 두 구성요소로 그 생존이 영위되고 있으며, 신체의 동맥과 정맥, 앞과 뒤, 몸의 좌측과 우측 등 인간은 생물학적 조건, 곧 2분법적인 양극성의 조건을 벗어나지 못하고 살고 있다.
진리의 차원, 가치의 차원이 영원성을 지향한다 하더라도 인간이 가진 생물학적 조건, 곧 2분법적 양극성을 벗어나지 못하는 것이다.
여기서 가장 중요한 바는 바로 어떠한 진리라고 할지라도 인간의 음과 양의 두개의 조건에 부합하지 않고서는 영원성을 가질 수 없다는 것이다.
인간뿐 아니라 미생물에서부터 광물에 이르기까지 모든 생명체는 바로 2분법적 2극성의 성질을 띠고 있다.
그렇다면 과연 원자의 세계, 전기의 세계에까지 우주의 기본틀로 작성된 음양의 법칙이 생겨난 근본 원인은 무엇인가?
여기서 우주의 대법칙 곧 지구라는 환경을 생각해 볼 수 있다. 인간은 환경의 소산이며 이미 만들어졌던 물질에 기반을 두고 만들어진 창조물이다.
태초에 지구를 둘러싸고 있던 환경 중 가장 중요한 것은 바로 해와 달이었다. 지금도 지구는 해의 주위를 매년 한번씩 돌고 있으며 아침 저녁으로 뜨는 해와 지는 해를 바라보며 살고 있다.

곧, 지구 위의 모든 생명체, 물질뿐 아니라 의식까지도 태양의 존재로부터 만들어진 틀을 크게 벗어날 수 없으며 바로 이것이 인간 개체가 가지고 있는 현존의 진리 그것의 큰 외곽을 형성하고 있다.

또한 달의 의미는 무엇인가. 달은 지구의 하나밖에 없는 위성이며, 한달에 한번씩 지구를 돌며 수많은 영향을 미치고 있다.

지구환경에서 가장 중요한 대양의 조수변화를 만들어내며 특히 여성의 출산에까지 영향을 미치고 있다는 것을 현대과학은 밝혀주고 있다.

지구상에 살고 있는 인간과 생명체 일반, 그리고 각종 화석, 광물 등에 이르기까지 가지고 있는 음양의 이원적인 상대성은 바로 달과 태양이 가지고 있는 2분법적인 속성에 의해 생겨난 것이다.

결국 지구상에 있는 인간은 2원적인 틀을 벗어나서 성립될 수 없다. 곧 상대성을 조건으로 하지 않고서는 어떠한 기본윤리와 도덕 그리고 더 나아가서는 완성의 경지도 획득될 수 없는 것이다.

또한 음양의 법칙은 개체나 종의 번식, 진화 차원에서만 그치는 것이 아니다.

오히려 전술한 자연과학적인 음양법칙보다 사회과학적인 음양법칙은 실체적인 역사의 사건을 만들어내며 지속되어 왔다.

어떤 시대의 어떤 역사이든간에 인간사회는 늘 지배계급이 있어 왔으며 이에 대한 반동으로서의 저항세력이 존재하고 있었다.

과거 역사 속에서 대립으로서 사회발전 논리를 찾아낸 공산주의 이론뿐 아니라 현대에 있어서 자유주의, 민주주의를 지향하는 국가에 있어서도 집권 정당과 수권 정당의 쟁탈전은 늘 계속되고 있다.

봉건주의와 근대 이전까지만 하더라도 사회계층에 있어서 2분법적 대립은 늘 첨예하게 나타났으며 현재는 몰락해 버린 칼 막스의 공산주의 이론이 비록 70여년간 소련 및 동구를 지배하게 된 것에도 이러한 사회내의 2분법적 대립이 치열했기 때문이다.

결국 한 개체나 좀더 나아가서는 사회, 국가, 세계, 우주에 이르기까지 음양의 법칙, 주종의 법칙, 그와 연관된 상호 대립과 조화의 법칙 등은 끊임없이 일어나며 서로간의 발전과 진화에 영향을 주고 있다.

진리는 늘 단순한 차원에서부터 시작한다. '저높은 산위에 진리가 있다니 우리가 모두 그곳에 가자'고 외치는 종교는 사교일 뿐이다. 특히 목표를 위해 수단과 방법을 가리지 않고 착취하고 비인간적인 생활이나 사고를 강요하는 일부 비판받는 신흥종교들은 바로 진리를 속여 사익을 챙기려는 불순한 동기에서 출발하기 때문이다.

음양의 법칙은 인간이 지구에 발을 붙이고 사는 한, 생명의 질서를 지키고 그 안에서 완성과 깨달음의 길을 가기 위해서는 반드시 지켜야 하는 질서의 표준이다.

그 음양의 법칙을 확산시키면 가정이 되며, 그 가정을 확대시키면 사회가 되고 국가가 된다.

결국 한 남자와 여자를 중심으로 하여 이루어진 가정은 인류 역사의 최종 진리인 동시에 그 실체적인 구현이 되는 것이다.

가정을 파괴시키며 남녀의 만남을 빙자해 혹세무민하는 일부 종교들, 철학들은 결국 그 당사자들의 자손들이 교통사고로 비참하게 죽고 또는 성질이 포악하여 남과 어울리지 못하고 심지어는 부모가 매맞아 죽거나 자손들 중에 미친사람이 많이 나와 멸족하게 되는 엄청난 재앙을 맞게 될 것이다.

그것은 바로 자신이 뿌린 씨는 자신이 거둬야 되며 악한 업보는 반드시 시간을 물려 받게 된다는 인연의 엄연한 법칙에서 벗어나지 못하는 것이다.

우주만물은 하나의 시스템이다

인간 개개인의 운명은 결코 한 생명의 만남과 죽음에서만 그치지 않는다. 오히려 한 개인의 탄생은 우주만물의 변화와 밀접하게 연관되어 있으며, 죽음 또한 그 죽음 자체를 예지해 주는 만물의 변화와 함께 진행된다.

특히 한 인간의 수명은 우주 전체에 널려있는 별자리와 깊은 연관을 맺고 있으며 별의 생성 변화, 발전에 따라 한 개개인의 운명도 바뀌어 가고 있다.

그러나 생명을 가진 모든 것들은 그들 나름대로 서로간의 깊은 관계 속에서 살아가고 있다. 생물학에서 이야기하는 '먹이사슬'은 바로 생태계가 하나의 커다란 시스템으로 이루어져 있다는 것을 실증하고 있다.

쥐떼들이 의문의 집단사를 하는 현상이나 인간 역사에 있어 일정한 시기를 두고 반복하여 전쟁이 일어나는 것 등은 바로 한 종(種)의 남녀비율 또는 개체수를 사전 조정하려는 종 자체의 조정작용이라는 주장도 있다.

또한 지구의 복사열을 지구가 자체 조정하기 위해 흰꽃, 검은 꽃이 피게 하여 열을 방사시킨다는 가이아(Gaia)학설은 바로 지구가 또는 전체 생명이 현재도 숨쉬고 있는 유기체라는 것을 알려 주는 것이다.

내가 한 숨을 들이 쉬면 전체 지구가 큰 호흡을 들이마신다. 또한 내가 한숨을 내쉬면 전체 우주가 큰 호흡을 내쉬게 되는 것이다.

한 인간 개체의 몸은 완전한 유기체이다. 상호 보완작용을 하며 서로 조화, 상충 등의 작용을 거쳐 생명을 보존케 한다.

또한 우주는 물질적인 시스템뿐 아니라 정신적인 면에 있어서도 서로의 파장을 교환하고 있다.

아버지가 사고를 당했을 경우, 집에 앉아 있는 아들이 불현듯 예감을 느끼게 되며, 정한수를 떠놓고 새벽 정성을 드리는 어머니의 마음은 추운날 전선 막사에서 잠을 자는 아들의 머리맡에 따뜻한 온기를 전해 준다.

우주가 하나의 시스템이라는 것은 물질뿐 아니라 정신적인 감응도 교환되고 있다는 뜻이다.

우주만물은 시간적으로 인연의 법칙을 따른다

윤회는 불교의 핵심적인 사상이다. 윤회에 대한 믿음없이 자비가 있을 수 없으며, 윤회에 대한 고찰없이 깨달음이 무엇인가를 알지 못한다.

또한 윤회에 대한 정확한 인식이 없이는 영생과 해원의 역사를 알지 못하고 현상의 보이는 모습에만 집착하게 된다.

인연은 온 우주만물의 생성과 그 결과에 이르기까지 모든 과정을 통털어 영향을 미치는 것이다.

특히 인연은 선업과 악업의 두가지 동기에 따라 인간의 행·불행과 생사병로에 직접적인 위력을 행사하며 더 나아가서는 한 인간의 성취와 좌절, 사고와 복록에 이르기까지 지배력을 행사한다.

인연은 또한 윤회의 마디마디를 형성하는 가장 중요한 동기들이며, 인연을 통해 윤회는 쉼없이 계속된다.

윤회는 결국 우주 전체가 하나의 유기체이며, 이 유기체가 시간을 거쳐 빈틈없이 변화하고 있다는 것을 일러주는 것이다.

단, 인도의 허무적 윤회는 현실의 운명을 그대로 노예 근성을 가지고 받아들이는 자포자기의 현세 철학인데 반해 여기서 말하는 윤회는 현실에 바탕을 둔, 후세의 결과를 중요시하는 원인의 윤회를 강조하는 것이다.

특히 한국불교의 연기론과 인연, 윤회에 대한 논의는 역동성을 결여한 바, 인연과 윤회가 가지는 현재의 중요성, 행동적인 사고를 포기하는 단점을 지니고 있다.

불교가 가지고 있는 인도적인 소극주의를 탈피하는데 있어 윤회의 올바른 개념정립이 시급하다.

그러나 윤회의 법칙중 가장 중요한 것은 바로 해원상생의 구명시식(救命施食)이 가지는 중요성이다.

윤회는 악업과 마찬가지로 선업도 시간을 물려 전달된다.

특히 조상들의 한과 안타까움은 시간을 물려 자손들에게 전달되며 전생의 한을 가진 조상들은 상대기준이 맞는 후손을 통해 전생의 한을 풀거나 비틀어진 바램을 해소코저 한다.

바로 해원상생은 윤회의 인정에서부터 시작되며 또한 인간의 삶이 단지 개체에 머무는 순간적 삶이 아니라 조상에서부터 나를 거쳐 후손에 이르기까지 연속되어지는 긴 생명의 일부라는 것을 깨닫는 데서부터 시작된다.

다시말해 해원상생과 그 방법으로서의 구명시식은 과거, 현재·미래를 통해 살아있는 긴 생명의 끈을 회복하는 작업이며 특히 비틀어져버린 선대의 삶과 영혼을 회복시켜 오늘의 나를 바로 잡는 구체적인 행동이기도 하다.

한 개인의 신체가 고장나면 의사가 고장난 부위를 고쳐 신체를 정상으로 돌아오게 한다.

구명시식은 바로 윤회를 바탕으로 파악한 인간의 긴 생명이 한으로 틀어져 버렸을 때 그 틀어진 부분을 바로잡는 구체적인 처방책이 되는 것이다.

그러나 단지 구명시식으로서만 이러한 상처가 치유되는 것은 아니다. 집안에 선조의 위패 또는 사진을 모시는 불단 또는 제단을 작게나마 마련하고 매일 짧은 시간이라도 기도나 묵상으로써 조상에게 예를 표하고 자신의 현재 삶을 바르게 살려고 노력한다면 조상들의 비틀어진 한과 자신의 현재 삶은 보다 새로운 방향으로 바뀌어져 나갈 수 있다.

특히 한국인들의 조상들은 타 민족과 달리 한과 설움속에서 살아갔으며, 이 때문에 현재 살고 있는 현대인들의 마음이 강팍하고 나밖에 모르며 거칠고 이기주의적인 성격들을 나타내고 있다.

이것은 결국 선대의 상처가 아물려고 상처 주위에 새살이 지나치게 돋아나듯, 후손의 삶이 단지 살려는 목적때문에 쉽게 거칠어지는 현상에서 유래된 것이다.

굶어 죽은 자, 매맞아 죽은 자, 병들어 죽은 자, 홧병으로 죽은 자, 난리에 죽은 자, 스스로 죽은 자 등 우리들의 역사에서 발견되는 양반 상놈의 무자비한 계급사회 속에서 얼마나 많은 사람들이 한을 가지고 비틀어진 인생을 살다 갔으며 또한 상처를 받은 사람이나 상처를 준 사람 모두 지은 악업의 뿌리가 얼마나 깊을 것인가.

조상에 대한 예우와 구명시식, 해원상생 등은 바로 오늘의 나를 확인하는 작업이며, 나를 비롯한 긴 생명의 실타래를 바로잡는 적극적인 행동이다.

영혼의 문제

인간에게 붙여진 것은 '만물의 영장'이라는 최고의 칭호이다. 우주간에 있는 모든 만물 중에 영혼을 가지고 있는 것은 인간 뿐이다. 축생과 광물까지도 영혼을 가지고 있으나 이는 동물심과 광물심 등 주체적 의지를 갖지 못한 저급 영혼으로서 깨달음과 완성에까지 다다를 수 있는 가능성을 갖고 있지 못하다.

그러나 인간에게는 고귀한 영혼이 존재하고 있으며 영혼은 죽지 않고 모양과 형태만을 바꿔가며 유전(流轉), 불생불멸(不生不滅)한다.

한 아이가 태어날 때 그 아이는 자신이 전혀 아무것도 없는 무(無)에서 태어난 것처럼 생각하지만 절대 그렇지 않다. 그 아이에게는 아버지의 성격과 기질, 어머니의 체질과 모습 등이 골고루 갖춰져 있으며, 태어나는 아이는 바로 이러한 이미 규정된 조건 아래서 태어나게 된다.

곧 건강한 몸과 좋은 성격, 잘난 몸 등은 바로 그를 만든 부모의 좋은 조건, 나쁜 조건 등에 의해 결정되는 것이다.

인간의 영혼은 신체가 죽어도 사라지지 않는다. 한 인간이 죽게 되면 영혼은 영혼들만이 사는 세계로 가게 된다. 아니 가게 된다는 것보다 우리 주위에 떠돌며 자손을 통해 생전에 하지 못했던 일을 하려고 자신과 상대 기준이 맞는 인간, 후손을 찾아다니게 된다.

그러나 그 사후에 홀로된 영혼도 똑같이 부모 조상의 영혼의 혜택을 받는다. 곧 자신이 평소에 조상의 영혼을 잘 받들고 남에게 자비를 베풀고 공덕을 쌓은 사람들은 영혼이 되자마자 바로 그들의 협조를 받아 훌륭한 곳으로 인도되어진다.

이것은 바로 좋은 부모를 만나 태어난 아기는 태어나자마자 사랑과 보살핌 속에서 자라나게 되고 그렇지 못한 아이는 태어나자마자 괴로움과 배고픔 속에 지내는 것과 마찬가지다.

곧 현세의 생활 가운데 좋은 인연을 맺고 조상의 한을 풀기 위해 노력한 사람들의 영혼은 먼저 영혼계에 있는 조상령, 선한 령, 그리고 현세에서 선덕을 받았던 영혼들의 협력을 받아 안락하게 성장을 하게 된다.

곧 영혼의 세계에서도 사랑이 가장 중요한 변화의 동기가 되며, 현세의 공덕과 무엇을 어떻게 하며 살았느냐에 따라 그의 위치가 결정되게 된다.

결국 영혼을 가진 인간은 그의 6,70 평생의 생애를 살면서 그가 성장시킨 영혼의 수준을 가지고 영혼계에 가게 되며, 그곳에서 영혼의 급수에 따라 생활을 하게 된다.

또한 여기서 가장 중요한 것은 영혼계에 머물면서도 현세와 쉴새없이 소통을 하게 되며 인류 역사의 종말에 이르기까지 후손들을 통하여 아니면 자신의 의지와 비슷한 현세인간을 보우(保佑)하면서 살게 된다.

이때 자신의 현세에 살면서 출생한 자손은 자신과 현세를 연결시켜 주는 연결 끈이 되며, 그들이 지내는 제사를 통해 또는 의식을 통해 그들과 소통하게 되는 것이다.

따라서 자신이 낳은 자식들은 어떤 의미에서 자신의 생명을 이어나가는 제2의 생명이 되는 동시에 자신의 영혼을 완성의 길과 이어주는 중요한 매개물이 되는 것이다.

결국 인간의 역사는 끝까지 완성의 길을 향해 나가고 있으며 현재까지는 죽은 사람 모두는 죽어서까지도 영혼의 메시지를 통해 모든 인간의 완전한 자각을 위해 노력하고 수행하고 있는 것이다.

여기서 인간이 가진 영혼은 바로 온 천지간에 완성에 대한 가능성을 지닌 유일한 존재로서 인간이 가진 가장 소중한 자산이며 결론적으로는 인간이 영혼을 가지고 있음으로써 초월의 길에 나설 수 있는 것이다.

생명의 가치와 우주의 법칙

인간의 생명은 너무나 고귀한 것이다. 천지간에 자신의 생명을 내어주고 무엇인가를 성취하겠다고 하는 이들은 없다. 어느 누구든 자신의 생명을 보전하고 자신의 생명을 살찌우고 싶은 것은 당연한 일이다.

그것은 인간의 생명이 너무나 귀하게 또 어렵게 얻어졌기 때문이다.

'눈먼 거북이가 구멍 뚫린 판자때기를 만난다'는 의미를 가진 '맹귀우목(盲龜遇木)'이란 말은 인간의 생명이 얼마나 가치있고 귀중한 것인가를 가르쳐 주고 있다.

수천억년 동안에 한번씩 바다 밑에서 바닷물 위로 떠오르는 눈 먼 거북이는 세상이 얼마나 넓은줄 바다가 얼마나 험한줄 모르고 그저 헤엄치면서 똑같은 행위를 반복하고 있다. 그러나 그 수천억 평방킬로미터에 달하는 그 윤회의 바다에 솥뚜껑만한 판자때기가 떠다니고 있다.

그 판자에는 거북이 머리가 들어갈만한 구멍이 뚫어져 있는데 인간의 생명이 태어날 확률은 바로 그 눈먼 거북이가 바다 위로 떠올랐을 때 단 하나뿐인 판자때기의 구멍에 목이 끼일 확률과 비슷하다는 것이다.

인간이 태어나기 위해서는 생물학에서도 얼마나 힘든 과정과 가능성, 확률을 거쳐야 하는지를 일러주고 있다. 아버지의 몸에서 생긴 정자와 그 수억개의 정자 중 선택받은 것 하나가 어머니 몸에 있는 난자와 결합, 생명의 씨를 만들게 된다.

그러나 그 어머니의 몸에서 생기는 난자 자체도 온도와 날짜가 맞아야 하는 등 실로 아이 하나가 엄마 몸속에 자리잡기 위해서는 이루다 헤아릴 수 없는 가능성과 확률을 통과해야 한다.

그후에는 또 어떤가. 엄마 뱃속에서 아이가 세상에 나와 아무 사고없이 새로운 생명의 씨앗을 전해줄 정도로 자라나기 위해서는 또 얼마나 많은 고개를 넘어야 하고, 정신적인 장애자의 가능성을 넘어야 하는가. 그렇다면 더 나아가 인류의 태초부터 우리의 선조가 지구상에서 생활을 해온 이래, 내 위에 계신 조상님들 모두가 그토록 어려운 인생들을 살아오시면서 삶을 끊지 않고 나를 낳게 되기까지를 생각한다면 나 하나의 생명은 너무나 귀하고 가치가 있는 것이다.

단순한 생물학적인 가능성과 확률만 가지고 우리 인간이 귀중하다는 것만은 아니다.

모든 인간은 태어나자마자 사랑이라는 끈으로써 모든 인간과 관계를 맺는다.

낳자마자 부모의 사랑을 받게 되며, 자라나면서 친구들과의 사랑, 형제들과의 사랑, 사제간의 사랑, 장성해서는 한 이성과 결혼을 통해 사랑의 결실을 맺게 되고, 아이가 태어나면 다시 그 아이와 사랑의 관계를 맺게 된다.

인간은 결코 혼자서만 독야청청 존재할 수 없으며 모든 인간과 인간관계 속에서 성장하고 발전해 나간다.

여기서 지금 살고있는 한 인간 개개인은 어느 누구를 막론하고 주위에 있는 누군가에 의해 사랑을 주고 받는 없어서는 안될 존재인 것이다.

부모는 아이들에게 하나님보다 더 귀중한 것이며 부부사이는 죽음에 다다를 때까지 떼려야 뗄 수 없는 동반자로서 서로간에 없어서는 안될 존재이다.

그러나 이러한 생명은 지금 현재에 이르기까지 기타의 가치체계에 의해 짓밟히고 채이고 무시를 당해 왔다. 늘 힘을 가진 자들에 의해 천시당했으며 시시때때로 그 생명의 가치는 고사하고 죽음이나 죽음과 비슷한 비인간적인 상황에서 헤매이기 일쑤였다.

정치권력, 경제의 기득권, 사회구조, 관습, 때로는 이데올로기, 대립투쟁과 반목과 일부 개인을 우상화하는 신흥 종교들에 있어서 생명을 가진 개개인에 대한 무자비한 탄압은 인류의 역사가 낱낱이 가르쳐 주고 있다.

　인간의 생명은 결코 그 자체가 목적이고 이상일 뿐이지 어떠한 이념이나 이데올로기를 향해 쓰여지는 수단과 방법이 되어서는 안된다.

　인간을 수단과 방법으로 삼아 성취되는 이상은 허구일 따름이며 정치적, 경제적인 목적에 의해 인간 개개인의 생명이 도표나 수치로 판단되는 역사는 다시금 되풀이 되서는 안된다.

　봉건 왕조시대의 허구처럼 하늘을 빙자한 군주의 권위를 내세워 대다수 국민들을, 대다수 민초들을 허구의 권위아래 지배하려는 불순한 역사는 다시금 되풀이 하지 말아야 하며 오직 인간의 생명 가치가 드러나는 새로운 세계의 도래가 있어야 할 것이다.

　그렇다면 생명의 가치 회복을 위한 구체적인 문명, 국가제도, 종교형태, 경제 가치는 무엇인가.

　첫째, 민주적인 정치제도의 구현은 종교의 이상을 실현하는 기본 조건이다. 인간의 민주와 생명의 가치가 하나 하나 실현되지 않는 천국과 극락은 있을 수 없으며, 현실의 삶을 도외시 하는 종교적 이상은 허구이다.

　또한 눈에 보이지 않는 신기루를 제시하며 신도들을 이끌어가는 사제들이나 종교지도자들을 그들 교단의 민주화를 달성하지 않고서는 천국도 실현될 수가 없다.

　어느 누가, 교단 자체가 민주화가 되어 있지 않고 매일 싸움질을 한다거나 아니면 나혼자 잘났다는 사람이 배 내밀고 있는 것을 보고 천국이나 극락을 상상할 수 있는가.

오히려 종교의 차원에서는 정치·경제 등 국가제도의 차원보다 수준높은 민주적인 제도 등을 마련해야 하며 특히 평신도들의 입장에서 모든 제도, 정책 등이 입안되고 진행돼야 한다. 현세에서 몇 사람이 잘먹고 잘사는 교단 속에서 또는 종교 속에서 무슨 천국이 있고 극락이 있겠는가.

두번째는 물질경제에서 인간경제로 변화되어야 한다.

큰 부자는 하늘이 낸다는 옛말이 있듯이, 개개의 인간이 성취하는 부는 각자의 정신 자세뿐 아니라 그 선대의 인연에 의해 또는 만물의 흐름에 의해 부의 축적과 분배가 이루어진다.

그러나 부의 축적이 성취동기나 그 부를 통한 사회발전, 국가발전 등 큰 뜻을 품지 않고 사리사욕만을 채우려 할때 그 물질은 또는 부는 개인을 떠나게 된다.

또한 부의 축적 단계에서도 물질을 인간에 맞게 생산하는 현행의 경제발전 단계를 뛰어넘지 못해 종국에는 인간보다 상품을 중요시하고 소비자나 인간은 만들어낸 물건을 소비하는 대상으로 수치화 시키는 관행을 계속할 때, 부는 결국 그 자리를 떠나게 된다.

인연따라 만물이 움직이고 또한 역사가 발전할수록 분배의 정의가 실현되고 있는 것이 세계적인 추세다.

그러나 아직까지도 일부에서는 부에 대한 멸시와 천대 또는 부자에 대해 죄인시하는 풍조가 있는가 하면 한편에서는 돈이면 다라는 황금만능 사상과 물질 지배욕이 존재하고 있는 상태이다.

그러나 이 두 가지는 다 바람직하지 않다. 물질과 부는 모두 필요한 존재가치를 가지고 세상에 존재하는 것이며, 중요한 것은 물질이나 부 그것의 문제가 아니라 그것을 소유하고 있는 인간의 가치관에 보다 중요한 포인트가 있는 것이다.

바로 그 가치관의 끝에 인간의 생명에 대한 깊은 이해와 자신과 남을 위해 서로 발전하려는 그리고 사회와 국가와 민족을 위하려는 굳은 뜻이 있다면 그는 어느 분야의 성취자보다 존경받아야 하는 인물이 될 것이다.

세번째는 제도나 체제 이전에 인간의 생명에 대한 기본가치를 실현하는 종교, 국가, 사회조직의 집단이 되어야 한다는 것이다.

인류 역사의 전반적인 조류는 조직과 이념 그리고 주류세력의 이해 등이 모든 인간의 생명가치보다 우월하게 인정되는 성향을 가지고 있다.

중세의 '신'을 내세운 교황의 권위와 봉건통치, 근대의 왕권을 전제로 한 귀족들의 통치, 동양의 계급사회와 '하늘'을 빙자한 전제군주와 왜곡된 가치체계 등은 바로 인간의 생명보다는 지배와 체제를 더욱 중요시하는 단적인 예가 되고 있다.

또한 인간성 회복과 절대자의 은총 등을 내세운 종교 역시 대부분 인간에 대한 가치와 자유 등을 고양시키기 보다는 오히려 절대자를 강조함으로써 뭇인간의 가치를 상대적으로 하락시키는 결과를 가져 왔다.

특히 일부 종교는 시간이 지날수록 종교 조직이 가진 경직성으로 사제의 권위가 지나치게 강조되고 일반 신도들과 유리되는 상황이 벌어지거나 또는 국가 권력이나 독재에 아부하는 종교 본연의 사명을 벗어나는 기현상까지 보이게 되었다.
 플로레타리아 독재를 외치며 일어났던 공산주의 이념도 결국은 관료주의와 개인적인 발전 동기를 부여하지 못하는 조직 관리의 허점으로 막을 내리고 말았다. 그곳에서 우리는 이념과 체제가 주장하는 구호와 실제 인간, 생명의 가치를 진작시키는 실제 행동과는 현격한 차이가 있음을 볼 수 있다.
 종교는 이제 생명이라는 단 하나의 가치를 중심으로 재조직돼야 한다.
 여기에는 신학의 차원뿐 아니라 정치의 민주화, 경제의 분배 문제 등 인류가 수많은 피를 뿌리고 성취했던 인간성 회복의 고귀한 정신이 반영돼야 한다. 결국 민주적인 종교가 돼야 한다는 것이다.
 특히 이러한 사회과학의 열매를 종교 안에 겸허히 받아들일 때 그 종교는 포용력을 가지게 되며 자체 내의 생명력을 가지고 무신론자, 지식인, 타종교인 등을 융화할 수 있으며, 더 나아가 타종교와도 갈등을 일으키지 않고 화해의 시대를 만들어 나갈 수 있다.
 바로 사회과학적인 인간주의를 받아들이고 종단의 민주화, 종교내의 경제에 대한 개념 정립은 바로 종교 내의 신도들의 인간성 정립을 위해서도 필수불가결한 것이다.
 또한 자연과학적인 인간학을 수용하는 종교로 변화해야 한다는 것이다.
 환자의 병을 고친 예수, 그리고 우주의 모습을 이야기한 붓다, 천지의 변화를 짚었던 공자는 모두 과학자였다.

당시 축적된 인류의 지식을 인간의 미래삶에 어떻게 반영해야 한다는 것을 가르쳤으며 경전이나 허구, 이념 등을 강요하며 무조건 복종 등을 요구하지 않았다.

바로 현대의 종교, 종교인들은 첨단의 과학적인 사실, 인간의 의식의 문제, 뇌와 물질이 인간에 미치는 영향, 유전과 윤회, 신의 존재, 인간의 몸과 마음, 의식과 물질 등에 대해 자연과학이 탐구했던 결과를 겸허하게 수용해야 한다.

이러한 노력만이 종교를 새로운 시대, 곧 생명이 주가 되는 시대에 살아남게 할 것이다.

인간의 생명과 모든 신도의 가치를 대상화 시키는 종교는 시대의 변화에 따라 새로운 종교로 대치될 수 밖에 없을 것이다.

나성에 있는 '요가난다'의 애쉬람

지난 달 4·29 흑인폭동의 상처가 아물어 가기도 전, 청년 신도들을 위한 강연을 위해 LA를 방문했다.

방화와 약탈의 참화가 아직도 곳곳에 남아있는 LA 올림픽 타운을 지나면서 어느 누구의 책임이라고 할 것도 없이 그저 가슴이 미어져 내리는 슬픔만을 남겼다.

만났던 청년 불자들을 비롯하여 대부분의 교포들이 당시에 당한 피해와 충격을 이야기할 때마다 고개를 흔들었다. 그들의 가슴속에 남아있는 이번 사건의 충격은 쉽게 사라지지 않을 것이다.

수행의 길에 첫발을 디딜 무렵 늘 가고 싶어했던 요가난다의 그 애쉬람은 바로 이러한 착잡한 심정을 가진 가운데 이루어졌다.

조계산 송광사 — 그곳에도 봄이면 늘 빛나는 하늘과 맑은 물이 계곡을 적셨다. 겨울이 유난히도 추운 탓이었을까, 봄이 되면 조계산 산록을 뒤덮은 푸릇한 신록과 흐트러지게 피는 꽃들은 보는 이들의 마음을 움직였다.

유난히도 노스님들이 많았던 송광사.

전남 승주가 남해와 잇닿은 해안지방이라서 그런지 몰라도 그곳에는 산죽(산에서 나는 작은 대나무)과 모란이 많았다.

계곡을 가로지르는 힘찬 물줄기가 수행하는 스님네들에게 용맹정진의 기상을 불어넣어 주곤 했는데, 바로 그곳 곁에 학승들이 머무는 법성요가 자리잡고 있었다.

당시에 젊은 나이였던 나는 그곳에서 우연찮게 불교잡지를 뒤지던 중 '요가난다'의 전기를 읽게 되고, 그가 가졌던 운명적인 만남들과 구도를 위한 미국행에 깊은 관심을 갖게 된다.

영혼의 자유스러움과 생명이 가진 가치에 대해 이야기했던 요가난다의 그 글을 읽던 순간 유난히도 밝고 따뜻했던 봄 햇볕이 앉아 있던 툇마루와 책 페이지를 환하게 했던 기억이 새롭다.

그러나 요가난다에 대한 인상은 당시 책에서 만났던 그것에서 그치지 않았다. 당시 한국불교의 최고 선맥이었던 구산(九山)스님이 미국에 포교 여행을 하면서 요가난다와 만났던 것을 수행하는 도반들과 불자들 모두가 알고 있었기 때문이다.

구산스님께서 효봉스님의 뒤를 이어 호남불교의 진원지인 송광사의 방장(方丈)스님이 되셨는데, 특히 소탈하고 격의없는 언행으로 누구에게나 친근한 분이었다. 그러나 스님은 그의 수행역사가 말해주듯 뛰어난 수행심과 선지식을 체득하고 있었으며 그의 거인과 같은 자신감과 법력이 그를 이미 소탈한 농부같은 인간으로 보이게끔 만들었던 것 같다.

스님은 당시 절간 일을 도와주던 일반인 곧 처사들과도 재미있게 이야기를 나누시곤 하였는데 웃는 모습이 꼭 어린아이 같아서 이야기하는 청년 불자를 비롯한 보살 등에게도 늘 친구같이 인기가 높았다.

구산스님께서는 70년대 말 미국의 히피문화가 성했을 때 미국 LA등을 방문하게 된다. 당시의 세계 조류는 베트남 전쟁, 핵의 공포 등으로 말미암은 반전운동, 과학비판, 동서양 문명의 만남, 새로운 정신문화에 대한 서양인들의 관심 고조 등이 한창이었다.

일본의 스즈끼선사, 몰몬교, 라즈니쉬, 크리슈나무르티, 마하리쉬, 마인드컨트롤, 우드스탁 페스티발 등이 미국인의 정신을 뒤흔들었으며, 사회적으로 현재까지도 문제가 되고 있는 일부 동양의 신흥종교들도 이때에 미국에 거점을 만들었다.

당시 구산스님도 이러한 서양인들의 정신적 갈등을 해소시켜주는 동양의 선지자로 인정받았으며 스님은 가는 곳마다 수백명씩의 외국인 제자들을 한꺼번에 불문에 들게 하는 기적을 보이기도 했다.

어떤 미국인 제자 하나는 한국에서 명문대 박사과정을 마치면서 당시 구산스님의 모습을 이렇게 표현하고 있다.

"젊은 시절 나는 인생이 가진 의미와 목적이 무엇인지 몰라 지극히 방황했다. 그러던 중 우연히 한국에서 온 구산스님을 한번 뵙게 됐는데 그저 그가 짓고 있는 웃음이 나에게 큰 충격을 주었다. 말 한마디 듣지 않았으나 그가 짓고 있는 웃음이 내 생명의 열쇠를 가지고 있는 것같이 느껴졌다. 당장 보따리를 싸서 한국으로 불교수업을 떠나게 되었다."

후에 스님은 당시 얻었던 외국인 제자들을 위해 송광사에 불일선원을 짓고 수백명의 제자들에게 그가 쌓았던 불법을 전수하게 된다. 요가난다와 구산스님이 만났던 것은 바로 그러한 시대적 입장에서 이루어졌는데 당시 스님을 수행했던 상좌들의 말에 의하면 요가난다가 구산스님의 법력을 크게 칭송했다는 기록이 남아있다.

빛나는 봄에 찾은 요가난다의 애쉬람— 여기저기 많은 꽃들이 피어 있고 작은 폭포에서 맑은 물이 흘러내리고 있는데 금방이라도 웃음짓는 구산스님의 모습이 나타날 것만 같다.

영혼의 아름다움을 이야기한 요가난다. 그리고 또한 욕심을 버리는게 가장 큰 견성(見性)이라고 가르치신 구산스님. 모두들 가고 없다.

한 시대를 살고 갔던 큰 종교의 거인들이 이제는 역사의 한 페이지 뒤로 사라져 갔다.

우리는 무엇을 할 것인가? 시대는 변해가고 있다. 사회는 더 복잡해지고 정치적 권력, 경제적 편중은 나날이 심해져 가고 있으며, 인간의 욕심으로 우리 생명의 일부인 자연마저 숨을 헐떡이고 있다.

이러한 때 우리는 과연 선지자들의 목소리를 듣고 어떻게 무엇을 해야 할 것인가?

일체 중생은 평등

　세상은 온통 욕망으로 뒤덮혀 있고 끝을 모르는 파국을 향해 치닫고 있다.
　작게는 개인에서부터 크게는 국가에 이르기까지 극단적인 이기주의가 지배원리가 되어 체제인간을 만들어 가고 있다.
　개인은 개인대로 자신의 삶을 위하여 노력하고 댓가를 받는 성실함 이외에 그저 남을 짓밟고 울리고 속이는 형태가 정상처럼 되고 있다.
　개인이 모인 사회는 사회대로 질서와 평화를 잃고 이리저리 휩쓸리고 있다.
　지배층은 지배층이 가져야 하는 정당한 책임과 도덕성을 잃어버리고 집단 이기주의와 파당의 이익을 위해 공정치 못한 일도 서슴없이 저지른다.
　그 뿐인가. 국가는 국가대로 국가 이기주의에 의해 약소국가를 강대국가가 침략하는 일이 어쩔 수 없이 묵과되고 있다. 그것도 민족주의 국가주의라는 커다란 명분 앞에 이성적 판단이 거부당하고 있다.

적자생존과 선택적 진화라는 기본율로 진행되고 있는 자본주의 윤리. 그곳에서 손쉽게 자라날 수 있는 개인적, 집단적, 국가적 이기주의.

21세기를 몇해 앞둔 인류는 어디를 향해 가는가. 그리고 우리는 그러한 불균등한 정의와 모순을 어떻게 보고 또한 그를 극복해야 하는가?

세상의 만물은 기본적인 두개의 상관성 있는 요소로 구성되어 있다.

과거 우리의 선조들은 세계를 음양의 2개항으로 해석, 인간과 자연을 체계화 시켰다.

남자와 여자, 하늘과 땅, 과거와 미래, 몸과 마음, 나와 너로. 그러나 불행히도 20세기 말 우리의 역사는 세계와 인간을 구성하는 상보적인 두개의 요소로 서로 상충하고 지배하는 지배구조 속에서 멍들고 쇠락해 가고 있다.

어디로 갈 것인가. 인류 역사를 현재까지 이끌어 온 서구의 변증법적 인류 발전법칙에 따라 인류가 마냥 내면적 쇠락의 길을 걸을 것인가. 아니면 진정한 혁명, 새로운 내적 혁명을 통해 새롭게 후세를 열어 갈 것인가.

인류역사 5천년 동안 인간을 계몽하고 지도했던 우리의 훌륭한 성현들—석가·예수·공자 등 모든 이들이 가르친 가장 기본적인 인간의 도덕률은 무엇인가?

그것은 바로 욕심을 버리는 것, 사랑하는 것, 자기를 제대로 아는 것 등 가장 기본적인 상식에 속하는 것이었다.

상식은 복잡한 이론보다 높은 차원의 진리를 함축하고 있는 경우가 많다.

　성현들이 가르쳐 온 진리가 왜 2천년, 3천년이 지나도록 인계(忍界)세계를 이화세계로 만들지 못하고 아직도 도탄의 세계에 머물게 하는가?

　기본적으로 인간이 가지고 있는 생명체로서의 기본 질서에 반대되는, 보다 선한 도덕률을 성현들의 가르침은 지적하고 있기 때문이다.

　인간은 한 집단의 이념에, 특정 이데올로기에, 종교적 신앙에 의해 새로운 삶을 열어나가고 또한 새로운 역사를 만들 수 있다.

　그러나 그 모든 변화의 동기에서 반드시 자신의 사사로운 욕심을 위해 신을, 성현을, 도덕을, 윤리를 더 나아가서 다른 이웃을 자기화 시켜 자신의 말로 사람을 속여 그 무엇인가를 만들려고 하면 그 동기도 좌절될 수 밖에 없다.

　청정무구한 우리들의 마음속에 타오르는 등불은 삼라만상을 밝게 비추니 칠흙같은 어둠은 사라지고 환희의 세계가 열리고 있다.

　부처님도 중생으로 와서 부처되었으니 일체중생은 평등하고 존귀한 것이다.

　허망한 꿈속에 꿈틀거리는 개체의 욕망과 거짓의 먼지를 털어 버리고 너와 내가 형제가 되어 잘난 사람도 못난 사람도 재물있는 자도 없는 자도 하나가 되어 광명세계를 살아가자.

유한한 인간의 생명

　인간의 몸이 가지고 있는 아름다움에 대해 인류는 태초이래 문명의 줄기를 이어오면서 그 인간의 육체가 가진 미학을 끊임없이 추구해 왔다.
　고대문명의 꽃으로 알려지고 있는 그리이스 문화도 그 실체는 휴머니즘으로 대표되는 인간 전체에 대한 사랑이었다.
　그곳에서는 신(神)도 인간의 모습을 가지고 있고, 우주만물의 정령(精靈)들도 지극히 인간화 되어 희노애락을 표현하고 있다.
　밀로의 비너스로 상징되는 이 시기의 예술은 인체조각의 정수를 보여 주고 있으며 더 나아가서는 인간의 육체가 가진 아름다움이 다른 어느것 보다 뛰어나다는 것을 말하고 있다.
　메트로폴리탄 뮤지엄은 뉴욕 시내 한복판에 있는 대형 박물관이다.
　그곳에서 여성의 누드 조각이 여러 점 전시되고 있다. 그뿐인가, 서양의 근대 회화는 그리이스 로마신화의 한 부분을 표현하면서 애로틱한 여성의 포즈를 자주 보여 주고 있다.

그러나 세계 각지에서 몰려 든 관광객들이나 관계자들 누구나 그 그림이나 조각들 앞에서 성적인 충동을 느끼거나 불결하다는 느낌을 가지지 않는다.

한편, 뉴욕 곳곳에 흩어져 있는 포르노 사진책 가게나 비디오 상점을 지나가게 될 때 똑같은 여성의 누드를 보면서 왜 우리는 좋지 않은 감정을 갖는가.

인간의 몸이 가진 인간의 욕망의 가장 밑바닥을 그것들은 보여주고 있기 때문이다.

결국 인간의 모습이 어떠한 목적과 동기를 가지고 표현되느냐에 따라 춘화와 성화가 갈라지게 되는 것이다.

주위에서 많은 사람들이 영혼의 세계나, 무속(巫俗)의 전통 등에 대해 무시하는 태도를 보이고 있다. 산자들의 고민과 생명의 억압이 큰 탓이기도 하지만 아직까지도 우리가 가지고 있는 영혼 등에 대한 인식은 일본 사람들이 만들어 놓은 미신 타파의 미신(?) 수준을 아직 벗어나지 못하고 있다.

우리 한민족이 수천년 이상 가지고 있는 독특한 영혼관, 세계관, 역사관은 많은 부분에서 탁월한 정신세계를 가지고 있음이 입증되고 있다.

결국, 영혼과 사후의 세계에 대한 추구가 어떠한 동기로 추구되느냐에 따라 이러한 인식은 바뀌어 질 수 있다. 벗었다고 해서, 여체가 가진 아름다움을 옷을 벗기고 그리고 만들었다 해서 춘화는 아니기 때문이다.

우리가 영혼의 세계를 중시하고 사후의 세계에 대한 겸손함을 가져야 하는 것은 현대의 많은 학문들이 그것의 실재를 우회적으로 입증하고 있기 때문만은 아니다.

　죽음은 누구나 피할 수 없는 큰 사건이다. 천지만물 어느 하나도 소위 생태적 변화인 죽음을 상정하지 않는 것이 없다.

　많은 성현들도 결국 인간의 죽음이라는 생물학적 한계를 벗어나지 못했으며, 그들은 이러한 인간의 지극한 고통을 벗어나게 하기 위해 수많은 도덕률을 이야기했다.

　그들의 이야기는 결국 현실, 삶, 생명의 지속을 통해, 그것을 기반으로 우리가 가야 하는 미지의 세계를 준비해야만 한다는 간단한 논리였다.

　부처님께서 말씀하신 견성대각의 의미도 결국 현실 삶을 기반으로 한 영혼의 영생을 이야기한 것이며, 예수님께서 간단한 상식으로 가르친 '네 이웃을 네 몸같이 사랑하라'는 말씀도 이것과 크게 다르지 않다.

　20세기 말 과학과 철학·의학·종교 등 수많은 인간문명의 단편들이 급격하게 변화하고 있다.

　그 변화를 목도하면서 느끼는 것은 바로 '인간의 현상세계만이 모든 것'이라는 세속적 진리가 깨져나 가고 있다는 것이다.

　황폐화가 되어 가는 지구 안에서, 피폐돼가는 인간 사회속에서, 인간의 생명이 가진 참가치와 영원한 생명에 대해 다시 한번 생각해야 할 때이다.

윤회의 덫

　종교에 몸을 담고 있는 사제들은 일반인들 보다 더 '죄인이다', '부족하다', '노력해야 한다'는 마음가짐을 가져야 한다.
　그들은 세상이 어떻게 돼서 이렇게 타락했는가, 그리고 그로 인해 얼마나 많은 사람이 피해를 당하고 있는가, 왜 세상에 정의가 실현되지 않는 것일까 등에 대해 누구보다도 더 잘 알고 있기 때문이다.
　그러나 불행히도 신부·목사·승려를 막론하고 신도들 위에 군림하지 않는 사제는 우리 주위에 그리 많지 않다.
　영혼의 양식을 신도들에게 주고, 어떤 경우에는 죽음을 맞는 절박한 신앙자들에게 또 병든 자들에게 그리고 시련당한 자들에게 신의 은총과 우주의 진리를 제시해 준다는 뜻에서 종교적 사제들은 어떤 의미에서 존경받을 수 있는 존재일 수도 있다.
　그러나 기독교, 불교 등 어떤 종교를 막론하고도 종교생활을 많이 한 사제들은 되도록 남에게 겸손하고 편안하며 소탈하고 잘 웃는 일면을 가지고 있다. 조계종의 종정으로 계시다 타계하신 성철스님의 식단은 밥 한공기, 된장국 한그릇, 무말랭이,

김치가 고작이며 입은 옷이라고는 누덕누덕 기워 입은 회색옷 뿐이었다.

엄청난 종교 재산을 보유한 불교계, 그곳에서 어른으로 존경 받는 그가 그토록 남루하게 살아야 하는 이유가 있을까. 그러나 그가 설법하는 내용을 보면 그 깊은 뜻을 알 수 있다.

〈욕망과 거짓으로 가득찬 세상, 남을 짓밟고 속이는 사람, 화합하지 못하고 파국을 향해 가는 사회, 이러한 때를 사는 모든 인간들은 자신들 마음속에 오래 전부터 존재하던 밝은 빛을 발견하고 욕심을 버리고 청정무구한 영원한 삶을 살자.〉

윤회의 덫에 걸려 헤매면서 법화세계, 화엄천지에 들어가지 못하고 있는 인간들이 그토록 많은데 그가 삐까뻔쩍한 옷과 차를 타며 몸보신하는 음식을 먹으며 장수를 누리려고 할까?

지장보살이 이 세상사람 마지막 하나까지도 극락왕생하지 않으면 자신은 그 마지막 사람을 위해 극락에 들어가지 않겠다는 발원을 세웠다. 성철스님과 함께 살아생전 한국 불교계의 중요한 선맥으로 인정받고 있던 구산스님.

그도 또한 자신을 낮추고 남과 화합하기를 즐겨했던 고승이었다. 그가 지었던 오도송〔자신이 불교의 궁극목표인 견성을 했을 때 지었던 한시〕이나 수행 이력을 보면 같은 승려로서 상상하기 힘든 능력이 있다. 그리고 또한 많은 사람에게 존경 받을만한 인격을 지녔고 거기에 걸맞는 행동을 했다.

그러나 그는 누구에게나 자신을 칭할 때 '소승'이라고 했다. 쉽게 이야기하면 '별볼일 없는 승려'라는 뜻이다.

그는 신분의 고하를 막론하고 누구에게나 너무나 쉽게 부처님의 진리, 한국의 현대불교가 가야 할 방향을 설명했다. 그가 가르친 불교의 진리는 당시 미국에서도 선풍적인 인기를 얻었고 영문판 책으로 나온 그의 가르침만 해도 여러 권에 달하고 있다. 어떤 종교든지를 막론하고 사제들이 신도를 위해 군림하려하면 반드시 그 교단은, 그 종단의 타락의 길을 가게 되어있다. 자신이 최고가 되고 자신이 모든 것이 되려고 하면 그는 반드시 가장 낮아지고 비난받고 천대를 당할 것이다.

그러한 비난과 업(業)은 그의 당대에서 끝나는 것이 아니다.

만약 어떤 종교의 지도자나 사제가 그의 생전 많은 사람들 위에 군림하면서 신도들의 노력을 착복하고 거짓된 이상을 제시하며 자신은 영광 속에 잘 먹고 잘 살았다고 가정하자.

그 업은 반드시 그 자식들에게 미치게 된다. 자녀 중 똑똑하고 능력있는 아들이 갑자기 비참하게 죽어버린다거나 아니면 자식들 성격이 모두 포악하거나 모가 나있어 집안의 미래를 기약할 수 없게 되는 것이다.

바로 한 개인이 남에게 저지른 죄악은 그 당대에는 불안의 한 요소일 수 있으나 반드시 그 업보는 자식들에게 전해져 집안 사람 누군가가 전쟁 중에 전사한다든가 하는 업 치룸을 하게 되어 있는 것이다. 선행을 닦으면 자신은 물론 후손에 까지 그 영기(靈氣)가 미치게 된다. 그러나 허황된 목표로 사람을 기만하고 남을 짓밟은 종교인들은 그 업보가 보통사람보다 훨씬 크게 된다.

결코 세상은 어떤 한 사람의 욕심으로 좌지우지 될 만큼 허술하지만은 않다.

인간의 소유욕

뉴저지의 녹음이 깊어 가고 있다.
어느날 문득 봄날이다 싶더니 한날 한밤을 자고 나니 여름이 성큼 다가와 있다.
바람에 포플러 잎들이 흔들리고 있었다. 그리고 그 바람은 다시 풀잎들을 쓰러뜨리며 넓은 벌판으로 달려 간다.
자연——바람과 숲과 펼쳐진 평원. 그 위에 열린 푸른 하늘이 가져오는 의미는 무엇인가.
법당 문을 두드리는 아침 바람의 소리는 대체 내게 무엇을 말하고자 함인가.
아침 산책 길에 나서면 지저귀는 새소리, 소리내며 하늘을 나는 풀벌레들, 아름답게 피어있는 들국화들, 그것들이 인간에게 주는 가르침은 무엇인가. 한송이의 작은 민들레를 손으로 따본다. 너무나 아름다운 꽃. 우주 자연의 조화가 들어있는 생명체.
그러나 아침 산책을 마치고 돌아와 법당 계단을 올라서는 순간 그 꽃은 생명의 색깔을 잃어 버린다.

꽃잎이 떨어지고 잎이 시들어져 힘을 잃고 있다. 불과 20~30분 전에 온 우주의 기쁨을 담고 있던 생명이 그저 하찮은 쓰레기로 변해버리고 만다.

인간이 자연에 대해 가지고 있는 소유욕, 인간이 자연을 지배하기 위해 더 나아가서는 인간이 인간을 자기 것으로 만들기 위해 증오와 미움을 만들기까지 하는 소유욕.

인간사의 수많은 불행과 싸움들은 바로 이러한 지나친 욕심에서 기인하는 것이다.

작게는 개인 개인에게서 발견되는 불행들. 건강, 사업, 자녀교육, 인간관계 등에서 실패를 가져오는 것도 모두 상대방을, 자녀를, 사업 파트너를 정도에 지나치게 자신의 것으로 만들려고 하는 욕심에서 기인한다.

그러나 그러한 욕심은 인간 개개인의 운명을 넘어서서 자손의 대에까지 윤회를 하게 된다.

옛말에 '부전자전'이란 말이 있는데, 부자는 망해도 4대는 간다고 한다. 지극히 간단한 속담이지만, 인간 개개인이 지은 업(業)이 대를 물리며 자손에게 선한 공덕으로, 악한 공덕으로 나타난다는 진리를 간단하게 설명해 주고 있는 것이다.

인간이 가지고 있는 욕심은 인간 개개인의 삶에만 불행을 던지는 것이 아니다.

21세기 인류의 생존을 위협하는 공해, 오염, 환경문제, 소유와 분배의 부조화에서 기인하는 사회의 계층간, 인종간 갈등, 국가간의 패권 쟁탈, 이러한 모든 것은 바로 인간이 자연에 대해, 인간에 대해 가지고 있는 지나친 욕심때문에 발생하고 있는 것이다.

　물질에 대한 가치만을 극대화 하고, 그보다 높은 목적인 그 물질을 쓰는 인간을 도구 정도로 여기면서 발전해 온 자본주의 물질 경제, 사회와 인간을 수치로만 산정하여 책정된 정치, 사회정책, 건전한 인간의 삶을 고양시키기 보다는 즉각적이고 폭력적인 카타르시스만을 위한 문화들.

　인류가 21세기를 목전에 두고 생존 자체의 문제로 숨을 헐떡이고 있는 모습은 바로 이러한 지나친 욕심이 긴 세월을 지나면서 누적된 악업(惡業)의 결과이다.

　신랑신부가 한번 동정을 잃으면 그 동정의 가치는 다시 회복되지 않는다. 자연의 조화와 질서를 담고 있는 아름다운 꽃. 그 꽃이 놓여진 자리를 떠나 인간의 손 안으로 들어올 때 이미 그것이 가진 최초의 가치는 부서져버린다.

　세상은 변하고 있다.

　지난 세월 인간이 지구상에 발을 디딘이래 생존을 위해 물질을 개척하고 제어하는 능력을 키워 왔다. 20세기 말 인류는 전 인류가 골고루 먹고 살만한 물질적 여분과 과학기술에 대한 능력을 가지고 있었다.

　그러나 조물주가 축복한 그 은혜의 시기가 또 다시 일부국가, 인간, 조직의 이기심으로 파국을 향해 나가고 있다.

　예로부터 출가한 승려는 옷을 두벌 이상 가지지 말도록 하고 사방 10척 이상의 방을 쓰는 출가자는 도둑이라는 독언(毒言)을 서슴치 않았다.

　송광사의 삼일암, 효봉과 구산의 선맥이 스며있는 곳, 그전에는 보조국사 지눌을 비롯한 조사들이 인간의 삶과 죽음 그리고 건전한 생활에 대해 인간의식을 극한까지 몰고 갔던 수련장.

그곳에 계신 방장스님들도 어느 누구나 몸 하나 누일 좁은 공간을 마다치 않고 사셨다.

뉴저지의 여름 하늘, 부는 바람, 내가 보고 체험했던 불교의 가치관, 인간관, 자연관, 그리고 세상을 지배하고 있는 온갖 구호, 이념들 —.

나는 오늘 아침도 법당 문을 들어서며 다시 한번 두손을 잡고 힘을 주어 본다.

현세는 내세의 열쇠

물고기는 물 밖의 세계를 모른다. 봄날이 되고 꽃이 피고 새가 울어도 얕은 물에 사는 물고기들은 그 사는 곳이 세상의 전부인줄 안다.

낙화유수, 추풍낙엽, 물위를 흐르는 작은 꽃잎 하나, 붉은 낙엽 한잎이 그들 삶의 변화의 전부이다.

왜 물고기는 자신이 머물고 있는 물 밑 세계, 그 물리적 한계에만 머물고 물 밖의 그 광활한 세상에 대해서는 더 이상의 관계를 맺지 않으려 하는 것일까.

물고기들은 자신들의 삶을 좌우하는 밝음과 어두움이 태양과 달, 그리고 그것의 움직임이라는 것을 알지 못한다.

만물의 영장인 인간도 물고기가 갖고 있는 사고의 한계. 사각지대(死角地帶)를 가지고 있지 않을까.

폭군을 만나야 성군의 가치를 안다는 말이 있다. 포악한 지도자, 부패한 관료, 노예근성에 찌든 국민들, 사회 기강의 와해, 이러한 입장에 서 있으면 보통사람들은 대부분 전임 누구누구때는 안 그랬느니, 살기 좋았느니 하면서 당시를 회고한다.

 인간의 사고가 크게 보아 물고기와 다르지 않다는 점은 개개인의 일생을 보아서도 쉽게 알 수 있다.
 젊었을 때는 늙었을 때를 생각하지 않는 것이 인간이다. 자식으로서 부모 입장이 어떤가를 생각하지 않는 것이 인간이다. 남편이나 아내로서 그 상대편의 입장이 어떤가를 사려하지 않고 사는 사람이 얼마나 많은가.
 그리고 그것 때문에, 자신의 존재가 가지고 있는 편견의 틀 때문에 후회하고 눈물을 흘리고 끝내는 인생 자체를 망가뜨리고 마는 사람들이 얼마나 많은가.
 인간은 있을 때 있음을 모르고, 없을 때 가서야 평상시의 흔한 것, 그것의 고마움을 안다.
 건강을 잃은 사람들이 모여 있는 병원에 가보자.
 그곳에는 돈과 명예, 권력이 결코 모든 것이 아니라는 것을 느끼게 한다. 인간은 자신의 죽음이라는 절대 명제 앞에서 누구나 본심으로 돌아가게 된다.
 건강은 평상시 보통사람들이 잊고 지내는 것이나 환자인 당사자들에게는 천금을 주고도 어떤 직위를 주고도 살 수 없고 바꿀수 없는 것이 되고 만다.
 부처님 말씀에 회자정리(會者定離), 생자필멸(生者必滅)이라는 말씀이 있다.
 만나면 반드시 헤어지게 되고 산자는 반드시 죽게 된다는 지극히 간단한 이야기다.
 인간의 생명, 이것은 바로 천지간에 수없는 시간과 공간속에 수억, 수천억 아니 그 이상의 가능성 가운데 하나로 맺어진 지극히 귀한 것이다.

위로는 인류의 스승인 성현군자들로부터 밑으로는 범부에 이르기까지 그 인간 생명이 가진 가치는 어느 누구도 우열을 가릴 수 없고 차례를 매길 수 없는 절대적인 것이다.

어느 누구나 인간 하나하나는 생명이라는 가치 앞에 똑같이 '1'의 가치, 절대적 가치를 가진다.

구명시식(救命施食)을 집전하다 보면 현세를 떠난 영가(靈駕)들 대부분이 한결같이 사후의 세계가 있는 줄 몰랐다고 하는 것을 듣는다.

대부분 인생의 한을 가지고 죽었던 그들이 뉘우치고 있는 것은 바로 자신의 생전에 저질렀던 잘못된 업이다.

사람의 생명이 귀중한 것은, 바로 그 생명이 엄청난 가능성의 침묵, 죽음의 시간과 함께 있기 때문이다. 그러나 그 죽은 몸뚱아리를 가지고 가는 것이 아니라 업이라고 하는 정신과 습관의 복합적인 결과물을 가지고 간다.

생명이 가진 가치를 존중하고 평소에 적덕(積德)과 선행을 쌓아야 하는 이유가 바로 여기에 있다.

기독교에서도 천국 열쇠를 현세에 살고있는 베드로에게 주고 간다고 예수가 말했다고 쓰고 있다. 어떻게 보면 기독교 신권의 계통을 확립하는 상징적 말이지만 이것은 바로 현세와 내세, 천국의 비밀을 가르쳐 준 것이다.

현세의 삶을 막 살면서 내세의 편안함을 기대할 수 없다. 예수가 베드로에게 준 키는 바로 현세라는 주어진 달란트를 충실히, 열심히 잘 살아야 천국 문을 열 수 있다는 뜻이다.
　현세는 바로 죽음을 통해 가는 내세의 열쇠가 되는 것이다.
　양심과 상식에 따라 살아야만 이러한 진실에 어느 정도 접근할 수 있다. 그러나 캘빈의 직업윤리, 프로테스탄트 기독정신, 자본주의, 개인의 자유와 경쟁아래 나타나는 극단적인 이기주의, 자연파괴 등이 자행되는 현재 세계의 참상은, 그 구조적 악은 많은 인간들의 악행을 정당화 하고 있다.

생명의 소중한 가치

　뉴저지의 여름 하늘, 은하수가 길게 걸려 있고 수많은 별들이 반짝이고 있다.
　흔들리는 나무들, 그 사이로 빛을 보이는 별들의 움직임은 새로운 세계로 나를 이끌어 간다.
　밤 하늘에 빛나는 별, 내 마음에 홀로 반짝이는 것은 양심이라고 이야기했던 칸트. 그가 말했던 양심이 어느 것을 뜻하는지 애매모호하지만 자연에 대한 경건한 마음을 가지는 것 그것도 양심의 한 부류에 속한 것이라는 생각을 해 본다.
　어렸을 때 바라봤던 여름 하늘.
　저녁을 먹고 난 후, 식구들이 모여서 모깃불을 피우고 멍석을 깔고 옥수수, 감자를 먹으면서 바라봤던 밤 하늘.
　그 때도 지금처럼 하늘에는 별들이 쏟아질 듯 많았고 은하수를 가리키며 견우직녀 이야기를 하는 사촌형들의 이야기에 귀를 기울이곤 했다.
　뒷 동산을 넘어가면 해가 뜨는 곳. 달이 떠오르는 곳이 있을 것이라는 생각. 혹시 감을 따는 긴 대나무 꼬챙이를 가지면 별을 딸 수도 있을 것이라는 생각도 문득 문득 해보곤 했다.
 혹시나 밤 하늘에 길게 꼬리를 물고 떨어지는 별똥별이 있으면 서로 얼굴을 쳐다보며 신기해 하곤 했던 때.
 세상에 나서 자연의 경이로움을 알고 그 신비감과 깊고 오묘한 질서에 접했던 최초의 경험이기도 했다.
 뉴저지의 밤 하늘.
 세계 역사의 변방국가였던 한국의 그 시절. 전라도 한 귀퉁이의 농촌 앞마당에서 하늘을 바라보던 소년이 이제 이곳에 와 있다.
 인류 역사를 만들어 나가는 중심국가인 미국, 그 곳에서도 가장 중요한 도시 뉴욕 근처에서 하늘을 바라보고 있다.
 어린 시절 모깃불을 피우고 멍석에 누워서 풀벌레소리 들으며 바라보던 하늘과 조금도 달라진게 없다.
 밤하늘을 바라보는 사람은 외롭지 않다. 세상사에 시름을 당하고 온갖 인간적 고뇌가 겹쳐진 사람이라도 고개를 들어 자연의 거대한 윤회와 경이에 대해 생각할 수 있다면 고독감은 사라질 수 있다.
 건강이 좋지 못한 친구, 친척, 경제적으로 어려움을 당하는 이웃들, 그 반대로 물질은 있으나 예기치 못한 사고로 큰 시름에 빠진 사람들, 이민 생활에 바빠 자식 교육을 제대로 시키지 못해 걱정하고 있는 부모들, 우리들 주위에 제 맘대로 제 뜻대로 되지 않는게 얼마나 많은가.
 사람이 기쁘고 행복할 때에는 주위 사람들의 고마움을 모르고 행복의 소중한 가치를 잊어버린다. 그러나 막상 어려움에

닥치고 불행을 당하게 되면 예전에 흔하게 생각했던 모든 것의 가치를 다시 인식하게 된다.

우리들 살아있는 자들이 모두 가지고 있는 생명, 그 생명은 진정 그 어떤 것과도 바꿀 수 없는 소중한 가치를 가지고 있다. 수십억분의 일이라는 생물학적 가치를 차치하고서라도 나 하나의 생명을 있게 하기 위해 수많은 조상들의 역경을 이긴 의지가 있다.

어느 누가 인간이 죄를 가지고 태어난다고 이야기 하는가. 푸른 자연과 광명천지에 그토록 축복받은 생명으로 태어나는 개개인에 대해 어느 누가 원조의 굴레를 씌우려 하는가.

우리들 마음은, 우리들 몸은 수십억년 인류의 탄생이래 지속돼 왔던 조물주의 의지에 따라 태어나고 사라지고 있다.

그 생명의 탄생은 가능성의 출발이며 그 가능성의 출발이라는 기회를 인간 모두가 갖고 있기에 인간 누구나가 귀한 것이다. 개개인의 생명에 대한 가치가 고양되지 않고 인간의 존엄성이 극대화 되지 않고 이루어지는 이념·종교·사상·철학은 오래 갈 수 없다.

인류 역사상 큰 업적을 이룩한 4대 성현들, 그들의 한 목숨과 뉴욕 맨하탄의 홈레스 한 사람의 생명, 그것은 생명의 존엄성을 두고 봤을 때 모두가 '1'이라는 동등치로 이해돼야 한다.

인간은 누구나 그가 가진 능력·지위·돈·권력에 국한 되지 않는 소중한 생명가치, 절대가치를 가지고 있다. 21세기는 바로 이러한 생명가치가 드러나는 새로운 신천지를 예고하고 있다.

인연의 의미

새벽, 바람이 불고 있다.
동쪽 하늘에 빛나는 별 하나가 세상을 비추고 있다.
 잠을 깨기 시작하는 커다란 하늘, 수많은 생명들을 품안에 안고 있는 땅, 모두가 새로운 날의 시작을 위해 움직이고 있다.
 계명성 반짝이는 새벽녘. 인간의 존재가 가진 큰 의미를 깨달았던 부처님. 그가 보았던 인간의 굴레와 가능성은 지금 우리에게 무슨 의미를 주고 있는가.
 21세기를 앞둔 인류는 수많은 갈등을 내포하며 하루하루를 위기상황 속에서 보내고 있다. 국가와 국가 사이의 정치적 갈등, 남북간의 경제적 갈등, 세대간 갈등, 그리고 더 나가서는 인간과 자연의 부조화가 가져 오는 인간 존재와 자연계의 공멸에 대한 우려.
 진정 이 시대에 이 삶과 죽음, 해탈과 좌절, 밝음과 어두움, 그 속에서 결정적인 방향을 택하지 못하고 있는 인류는 어디로 갈 것인가.
 인간은 종교와 과학이라는 커다란 해석학 속에서 규정되고 있다. 인간의 정신적 측면과 영원한 삶을 희구하는 종교, 인간이 가진 물리, 생물학적 측면 등을 통해 진리에 도달하려는 과학. 인간은 종교와 과학이라는 두 커다란 카테고리 속에서 확실한 규정을 내리고자 수많은 성현들을 필요로 했고, 또한 희생도 치러야 했다.

일찍이 한국의 성리학자들. 그 위로 가면 불교철학을 중심으로 발전했던 고려의 주자학 계통의 유학자들.

그 박리(剝離)에서 나오는 한국인의 인간관과 세계관은 바로 마음과 몸, 정신과 물질, 직관과 통합이라는 이분법적 세계관이었다. 그러나 여기서 이러한 이분법적 세계관은 단지 대립적인 요소로 보여지기 보다는 생명의 화합을 위해 세대의 존속을 위한 상보적인(complementary) 요소를 함유하고 있다.

종교는 늘 과학과 갈등을 빚어 왔다. 그러나 과학은 종교를 위한 토대가 되며 과학적 접근을 고사한 종교는 사교(邪敎)가 될 위험성을 안고 있다.

인간은 과학적 토대 위에 서있다. 아니 과학적 조건위에 규정지어져 있으며 종교의 진리도 그 과학적 조건안에서 인간에게 자유를, 영원한 깨달음을 줄 수 있다.

인간의 몸은 세포와 기관으로 이루어져 있으며 뇌의 사고작용과 신경을 통한 운동이라는 하나의 소우주적인 시스템으로 만들어져 있다.

또한 세포들은 분열을 하며 통합을 거쳐 증식을 하고 결국 세대 존속을 위한 자손을 번식하게 된다.

물리학적 측면으로는 인간의 만유인력의 법칙속에서 발을

디디고 지구에 산다는 것이며 더 나아가서 수많은 별들 중에 하나의 별, 지구 그곳에서 인간의 호흡작용 등 과학이 규정하는 인간을 기본으로 하지 않고 어떠한 이데올로기도 철학도 종교도 설 수 없다.

또한 자연과학의 접근과 함께 반드시 종교를 보좌하고 지원해야 하는 것은 사회과학이다.

인간은 남과 여라는 두가지 큰 상보적인 존재함을 가지고 역사를 만들어 왔다. 그러나 남과 여, 양과 음도 단지 대립으로서 직선적 만남의 관계가 아니라 세대존속이라는 방향성을 가지고 있다.

제3의 철학이라는 한국의 '한(限)' 철학은 바로 눈에 보이지 않는 방향성, 조물주의 프로그램, 생명의 방향성을 부각시키고 있다.

인간은 결국 상보적인 측면인 몸과 마음, 남과 여라는 2분법 위에 새로운 방향성이 합쳐지는 3수의 조화로 만들어지는 세상 위에 살고 있다. 태양이 뜬다. 달이 지고 있다. 이러한 지구의 과학적 토대가 남과 여라는 인류의 기본조건을 만들었다. 그러나 수많은 예언자들은 인간에게 영향을 미치는 가장 중요한 것은 역시 지구라는 우리가 발을 디디고 있는 땅이 가장 중요하다는 것이다. 3의 방향성은 바로 지구이다.

풍수지리설이 여기서 탄생했으며 자연에 대한 종교와 과학의 새로운 만남도 여기서 출발하는 것이다. 너무나 많은 종교와 과학의 대립도 이러한 방향성을 잃고 있는데서 나오고 있다. 너와 나는 너와 나로 있을 때 의미를 잃는다. 너와 내가 만나서 무엇인가를 창조하고 일하고 노래하고 이야기할 때 새로운 세계는 열려지는 것이다. 부처님의 자비와 예수님의 이웃사랑, 공자님의 대동세계도 이러한 만남의 의미, 수많은 사랑의 의미, 인연의 의미를 가르치신 말이다.

우리에게 수많은 진리를 전해 주고 간 성현들. 우리에게 인간을 이야기했던 부처님. 그가 설법한 내용을 읽어 보면 그는 분명히 과학자였다. 하늘의 구조를 이야기했고 당시 힌두교의 자연 과학을 새롭게 해석하는 자연관을 내놓고 있다. 종교, 수많은 교파와 종파로 나뉘어져 있는 종교, 자신의 집단과 종단이 최고라고 늘 주장하는 종교인들.

21세기의 종교는 과학, 자연과학뿐 아니라 민주주의와 자유, 평등, 인간 존재에 대한 가치가 인정되는 사회과학을 도외시하고는 모두 반사회적 종교, 더 나아가서는 사교로서 역사에 사라질 것이다.

종교도 인간의 생명을 위해 핍박받는 자들을 위해 피를 뿌리며 숨져갔던 정치적, 경제적 투쟁자들의 과학을 반영해야 할 때이다.

종교는 시대에 따라 역사 변화와 맞춰 새로운 종교가 만들어져 왔다. 그 새로운 종교의 탄생 원인은 기존 종교가 자체내에 반사회적이고 비민주적인 파행성을 가지고 있을뿐 아니라, 종교과학을 통합한다는 신종교도 시대가 지남에 따라 급격히 변하는 과학기술의 변화, 학문의 변화를 수용하지 못했기 때문이다.

영혼의 평화

뉴저지 후암정사에도 가을이 오고 있다. 무성한 숲을 자랑하던 뉴저지 평원의 색깔이 차차 갈색으로 물들어 간다.

신록을 거쳐 성하의 계절을 지나 이제 9월에 접어들면 잎들이 색깔을 잃고 낙엽으로 변해 갈 것이다.

어느날부터 귀뚜라미 소리도 들린다. 가을이 온 탓인가 하늘에 떠 있는 별들이 한층 가깝게 느껴진다.

후암정사에 토요일 저녁마다 불자들의 모임인 토요정진법회를 마련했다.

너무나 바쁘게 돌아가는 뉴욕의 이민생활 속에서 우리들은 많은 것을 잃고 산다. 가장 큰 것은 바로 자신의 생명을 유지하고 인간을 인간답게 살게 하는 본심을 잊고 사는 것이다.

뜻있는 불자들이 토요일 저녁 모여 자신을 관조하고 정성을 들이고 명상하는 시간을 갖는 것은 바로 잃어버리고 사는 자신의 본심을 성찰하기 위해서이다.

불가에서 의식을 모으는 방법은 여러 가지가 있다. 본래 인도에서 태어난 불교의 정진법과 명상 등은 인도 전래의 종교인

힌두교의 의례적인 면을 벗어나지 못하고 있다.

　중국을 거쳐 불교가 우리나라에 들어오면서 많은 변화를 겪었지만 고려시대나 이조시대까지도 서역으로 불렸던 인도와 한국은 직접 해상을 통해 불교문화를 주고받기도 했다.

　선(禪)을 중심으로 정관(靜觀)이라는 초기적 선의 방법이 동원되기도 하고 화두(話頭)를 깨치는 언어 논리의 추적도 명상과 깨달음의 방법이 되고 있다.

　그러나 전문적인 불가의 수행자, 곧 승려가 아니고서는 가부좌를 틀고 하루 10시간 이상씩 면벽을 하는 선수행(禪修行)의 방법을 쓰기에는 상당한 어려움이 따른다.

　토요정진법회에서 명상의 방법으로 동원하는 것은 일반인 등에게 쉽게 면벽(面壁) 참선의 경지를 일러주고 또한 개개인의 자아를 확인하는 과정을 스스로 깨닫게 하는데 주력하고 있다.

　옛말에 인간은 '송장이 귀신을 업고 다니는 것'이라고 말했다. 많은 종교인들과 뜻있는 사람들은 인간의 가치를 이렇게 처참하게 내리치는 말에 반대를 하고 있다. 그러나 현대의 초심리학자들 사이에는 인간이 가지고 있는 이러한 두가지 측면 곧 몸과 마음의 두면을 생생하게 과학적으로 실증해 보여주고 있다.

　인간의 영혼이란 곧 정신과도 같은 무형의 실재를 가르키는 것이다.

　어느 한 시간을 택해 육체의 격렬함을 가라앉히고 정신을 가다듬어 영혼의 한 자락을 잡는 기회를 마련하는 것은 인간 개개인의 삶을 풍요롭게 하는 것이다. 만물의 복과 재물, 건강 수명 등은 한 개개인의 전체적으로 조화를 이룰 때 나타나는 것이다.

조화는 바로 몸과 마음이 하나같이 어울릴 때 오는 것이며 여기에 영혼의 평안과 질적인 고양이 필요한 것이다. 붓다께서도 평상심이 곧 깨달음이라고 말씀하셨다.

불가의 평상심은 곧 영혼의 안정된 수준을 이야기하는 것이며, 초심리학적으로는 뇌파가 델타 파장을 발산하는 것을 지칭하는 것이다.

가을이 오고 있다. 계절이 바뀌면 인간도 늙어가고, 수명을 다한 낙엽과 같이 인생은 흘러가 버리고 만다. 맹귀우목(盲龜遇木)이란 말처럼, 인간의 생명이 태어나고 몸과 마음을 천지신명에게서 받는다는 것은 실로 우주적인 가치를 가질만큼 수백억, 수천억분의 1이라는 가능성 중의 하나를 말하는 축복과 같은 것이다.

그 생명을 조화롭게 하고 안정되게 하며 그 귀중한 가치를 바로 갖는 것. 그것을 위해서 영혼의 평화가 반드시 필요한 것이다.

전삼삼 후삼삼(前三三 後三三)

경봉스님이 통도사 극락암에서 선풍을 휘날리던 때 이야기다.
사회적으로 이름이 알려져 있고 경제적으로도 풍족한 편인 모인사가 심한 좌절감에 빠져 경봉스님을 친견코저 했다.
조모 거사는 자유당 정권 아니 그전 일제 때부터 고위관직을 전전해오다 당시 공화당에서도 상당한 위치에 까지 올랐던 사람이었다.
그러나 그는 권력의 핵심부에서 무엇인지 모를 이유로 방축(放逐)되어 무장해제를 당한 실정이었는데 항간에서는 그가 권력싸움에서 축출당한 것이라는 이야기가 있었다.
조거사는 많지 않은 불교정치인 중의 한분으로서 과거 나를 알던 경찰간부가 소개해줘서 그를 만나게 됐으며 결국 경봉스님을 만나 이야기를 나눠 보기로 했다.
경봉스님을 만나러 극락암에 올랐을 때는 초가을에 접어들기 직전인 9월 초였다.
산에는 제법 선선한 바람이 불어 온갖 생명체를 결실의 계절로 몰아가고 있었으며 흐르는 시냇물도 장마를 지난 탓인지 더욱 맑아져 보였다.
 때가 때인지라 경봉스님도 건강이 좋아보였으며 예의 그 직관 높은 선문답을 남자들에게 말씀해 주고 계셨다.
 조거사는 스님을 만난김에 잘됐다 싶어서인지 자신의 이야기를 다 털어놨다.
 젊어서 출세에 뜻을 품고 수단과 방법을 가리지 않고 권력과 돈에 접근한 것이라든지 더 나아가서는 자신이 과거에는 이 정도 위치에 있었다는 것을 은근히 과시하면서 이야기를 했다.
 그러나 10분 정도 지났을까 그는 과거 이야기를 지나 최근 자신의 사정을 말하면서 기분이 침체 됐는지 도대체 요새는 왜 세상을 사는지 모르겠다는 표정을 지으면서 자신의 속사정을 이야기했다.
 결국 그는 "스님 도대체 지금 왜 내가 여기에 있는지 모르겠습니다. 도대체 의미가 없습니다. 현재·과거·미래가 이렇게 다르면 어떻게 인생을 마음 놓고 살겠습니까. 난 앞으로 어떻게 살아야 됩니까. 괴로워서 정신이 돌 지경입니다."
 경봉스님은 물끄러미 조거사를 쳐다보더니 그저 한 말씀만을 하셨다.
 '전삼삼 후삼삼(前三三 後三三)'.
 조거사는 극락암에 내려오면서 도대체 '전삼삼 후삼삼'들이 무엇인지 앞으로 셋, 뒤로 셋, 무슨 수학문제를 말씀하신 것인지를 몰라 다시 고민을 하는 것이었다.
 결국 그는 내가 불찰의 후원에 내려와 설명을 한 후에야 그것의 의미를 알게 됐다.

앞으로 세걸음 뒤로 세걸음을 걷게 한 후, 그는 인생이 결국 제자리에 다시 서게 된다는 것을 깨닫게 됐다.

경봉스님은 전삼삼 후삼삼을 이야기해서 조거사가 가지고 있는 과거에 대한 집착, 현재에 대한 회의를 모두 비방이라는 말씀을 하신 것이다.

그것은 결국 현재가 가장 중요한 시점이라는 의미이며, 인간의 삶에 있어 지위의 고하도 돈의 많고 적음도 인간이 늘 맞딱뜨리고 있는 현재 이시간 깨어있는 자세로 인생을 산다면 모두가 평등한 안정심을 가질 수도 있다는 것을 이야기하신 것이다.

결국 그는 '자애(自愛)'라는 말을 끝으로 경봉스님의 말을 이해하고는 느낀바가 컸던지 그 후는 지방 모대학의 재단이사장으로 후학 양성에만 전념했었다.

지난 80년대초 그를 만났을 때 그는 경봉스님께서 말씀하셨던 '전삼삼 후삼삼'의 교훈을 되새기면서 생활의 중용(中庸)을 찾고 있다고 강조하는 것이었다.

그는 87년 세상을 떠났는데, 말년을 존경받고 지낸 탓인지 지방 명문사학의 재단이사장 치고는 교수 학생을 비롯, 각계 인사들의 충심어린 조문 속에서 애도와 함께 인생을 마감했다.

인간관계

　자동차를 운전하는 사람은 한시라도 눈을 팔 수 없다. 어떤 일이 벌어질지 모르는 상황에서 옆에 앉은 사람과 잡담을 늘어 놓거나 장난을 한다든지 하는 것은 스스로 재앙을 부르는 것이 다.
　교통사고를 당한 사람들의 말을 들어보면 공통적으로 잠시 한눈을 팔았다거나 딴 생각을 하다 갑자기 사고를 당했다고 이야기한다.
　결국 운전하는 차의 성능과 운전 솜씨도 문제이지만 교통사고의 가장 근본적인 원인은 운전자의 부주의에서 기인한다.
　얼마 전에도 교통사고를 가장 많이 일으키는 운전자들의 평균적인 운전경력을 조사해 본 결과가 나왔는데 아니나 다를까 운전한지 만 1년 이하의 초보 운전자들이 가장 많이 사고를 낸 게 아니고 오히려 3년 이상 5년 이하의 중견기사(?)들이 가장 많은 사고를 내고 있다.
　미국만큼 운전하는 것이 보편화된 나라도 없다. 땅덩어리가 넓다보니 자동차를 운전하는 것은 누구 말대로 운동화 끈매는 것처럼 쉽고 필수적인게 돼버렸다.

그러나 자동차 문화가 보편화 된 미국이라 할지라도 일가족이 몰살하거나 사고 현장에서 즉사하는 대형사고도 자주 일어나고 있다.

특히 옐로우 캡이 종횡무진 달리고 있는 맨하탄 한복판은 사람과 차들이 서로 가려고 들여밀다 사고가 나거나 앞만 보고 달리면서 서류배달을 하는 흑인 청년들이 차와 충돌, 차마 볼 수 없는 끔찍한 일도 당하곤 한다.

한번은 사찰의 보살 신도가 운전하는 차를 탈 기회가 있었는데 공교롭게도 차에 탔던 사람들 특히 앞좌석 뿐 아니라 뒷좌석에 앉은 사람들까지도 차에 타자마자 누가 시킨 것도 아닌데 안전벨트를 매는 등 하나같이 이상한 행동을 하더라는 것이다.

글쎄 처음에는 왜 그런지 몰랐는데 나중에 알고보니 운전하는 보살신도의 운전 솜씨를 믿지 못해 허겁지겁 안전장치를 했다는 것을 알았다.

나중에 서로 이야기하면서 웃고 말았지만 현대문명 속에서 너무나 긴요하게 사용되는 자동차가 사람을 상하게 하는 흉물이 될 수도 있음을 누구도 부정할 수 없다.

사람의 인생살이도 자동차를 부리는 일과 유사한 점이 많다. 뉴욕에서 가게를 운영하거나 또는 사업체 등을 경영하는 교포들은 사업상 또는 지연이나 학연과 연관된 인간관계를 맺지 않을 수 없다.

인간이 인간과 관계를 맺고 산다는 것은 어떤 의미에서 태어나서 죽기 전까지 안할래야 안할 수 없고 싫다고 포기할 수도 없는 운명적인 것이다.
 그러나 사찰을 찾아오는 불가신도들 뿐 아니라 주위의 많은 분들이 자신의 인생에 대해 고뇌하고 좌절해서 토로하는 바를 들으면 대부분의 원인이 인간관계의 잘못에서부터 만들어지고 있다.
 인간관계에는 선업이 있고, 악업이 있고, 그렇지 않으면 그저 잠깐 만났다 스쳐 지나가는 인간관계도 있다.
 어떤 의미에서 보면 역사를 만들어 왔던 많은 사건들과 또 현재의 세계사를 이끌어가는 모든 중요한 사건, 결정들이 인연 있는 인간끼리의 운명적인 만남에서 유래하고 있다.
 자신의 주위에 있는 집안식구들과 친구들, 동료들, 동창들, 직장의 선후배들 또는 직장의 고객들 모두는 자동차와 같은 것이다.
 관계를 잘 맺고 관리를 잘 하고, 인간관계 속에서 한눈을 팔지 않고 예의를 지키면 편리하고 기쁨을 만드는 원천이 될 수 있다.
 자동차를 한눈팔지 않고 잘 다루면 푸른 신록의 야외에 나가 친구들과 골프도 치러가고 친구도 만나러 갈 수 있다는 것과 같은 이치이다.
 그러나 한번 한눈을 팔다가 결정적인 실수를 하면 사업상 고객은 물론 집안의 배우자까지도 자신에게 등을 돌려 파산하게 되는 예가 흔하다.
 작게는 고객에게 바가지를 씌우는 일부터 돈을 빌렸다가 돌려주지 않는다든지 또는 신세를 지고도 돌아서서 나몰라라 한다든지 하는 기본적인 신의를 지키지 못하면 인간관계를 망치게 되는 것이다.

자동차가 미국생활에서 뗄래야 뗄 수 없는 것이듯이 사람이 인생을 사는 데는 인간과 관계를 맺고 살지 않을 수 없다.

대부분 성공한 사람들의 이야기를 들어보면 그들의 성공비결은 어떤 사람을 어떻게 만나 어떤 일을 했는가가 가장 중요하다고 이야기를 하고 있다.

윤회의 바다

 인간은 윤회의 큰 틀에서 벗어남이 없다. 인간뿐 아니라 온갖 동물들에서부터 미생물에 이르기까지 더 나아가서는 광물에 이르기까지 천지간에 있는 모든 것들은 큰 윤회의 바다에서 벗어날 수 없다. 아니 벗어난다는 말이 있을 수가 없다.
 윤회의 모든 변화의 가능성 자체를 포함하고 있는 전체적인 개념이기 때문이다.
 지구상에 있는 모든 생물의 죽음과 삶은 단지 한 개체의 의지나 좁은 환경의 변화에로부터 유인되는 것만은 아니다.
 밤하늘에 있는 수많은 별들의 움직임은 한결같이 지구에 큰 영향을 주고 있는 것이며, 고대의 점성술은 한 인간의 운명과 결부된 별자리, 별의 움직임을 밝혀주고 있다.
 《삼국지》의 한 장면을 생각해 본다. 당대의 걸사들인 제갈공명과 사마중달은 위로 유비와 조조를 받들고 적벽강가에서 몇차례에 걸쳐 대결전을 가진다.
 그들은 당대의 명학원, 명스승 밑에서 동문수학한 수재들로 천문과 지리, 병법, 조직학, 병참논리 등에 밝은 인걸들이었다. 그들은 천문을 이용하고 지리의 용익(用益)을 자신들에게 유리하게 함으로써 보통사람들은 기적이라고 또는 신인이라고 부르는 놀라운 행동력과 사고력의 폭을 보여 준다.

그들은 늘 하늘의 별을 살펴 천하의 운세를 예지했으며 별자체의 지고 남으로써 생대방의 기세를 파악하는 능력이 있음을 《삼국지》는 일러 주고 있다.

유비의 촉나라가 결정적으로 붕괴되던 제갈공명의 3차 원정에서 사마중달은 이미 하늘의 별을 보고 제갈공명이 천수를 다했음을 파악한다.

어눌하고 총명하지 못한 어린 유비의 아들을 군왕으로 받들고 촉의 마지막 전력을 모아 제갈공명이 적벽으로 향할 때, 그는 이내 폐결핵이라는 중병을 앓고 있던 병자의 몸이었다.

제갈공명의 능력을 아는 사마중달은 전면전을 피한채 수성에만 열중하며 하늘을 보며 제갈공명의 별이 떨어지기를 기다린다.

이윽고 서쪽 하늘의 황색별이 한가닥 줄을 그리며 사라져 가자 사마중달은 제갈공명의 죽음을 확인한다.

한 사람의 운명이 하늘의 별과 연관이 있음을 보여주는 대표적인 이야기다. 그러나 천체의 움직임이 한 인간의 운명뿐 아니라 자연계의 모든 생물과 연관이 있음을 이밖에도 과학적인 많은 실험과 관찰이 이를 보여 준다.

태양의 흑점 운동이 변함에 따라 지구의 생태계가 변화한다는 이야기는 상식에 속하는 이야기다.

오존층이 뚫리고 자외선이 그대로 지구에 떨어짐에 따라 대양의 플랑크톤이 변화한다는 이야기가 자주 신문지상에 등장한다.

지구의 온난화에 따라, 또는 태양과 지구의 사이가 가까워져서 지구의 전체 온도가 올라가면 흰꽃이 많이 피고 지구의 온도가 상대적으로 내려가면 검은색의 꽃이 많이 핀다는 관찰 결과도 발표되고 있다.

곧 태양의 복사열을 조정하기 위해 열을 반사하고 흡수하는 흰색, 검은색 꽃을 지구 자체가 알아서 피게 한다는 것이다.

이러한 '가이아' 학설은 현재까지도 지구라는 혹성이 하나의 큰 생명체라는 것을 일러 주는 좋은 본보기가 되고 있다.

윤회는 우주 천지만물이 시간과 공간의 날줄과 씨줄로 짜여진 한폭의 큰 천이라는 것을 가르켜 주고 있다.

곧 우주간의 한 생명체, 한개의 물건 모두가 음으로 양으로 관계를 맺고 있다는 것이다.

구명시식(救命施食) — 조상의 혼을 불러 그의 한을 위로하고 현재의 자신의 입장에 되새기게 하는 이 불교 의식은 바로 윤회라는 큰 질서를 바로잡는 것이다.

인간의 생명을 하나의 개체로 보면 작은 60평생에서 그치고 있다. 그러나 크게 보면 나를 낳아준 부모님, 내가 낳은 자식들을 통해 큰 생명은 이어지는 것이며 더 나아가서는 태양과 달, 지구, 저 하늘의 별, 앞산, 뒷산 모든 자연들과도 하나의 범생명으로서 연결되는 것이다.

구명시식은 곧 피로 연결된 하나의 생명의 고장난 부분을 고치는 의식이다.

우리의 조상들과 선조들이 가졌던 삶의 한(恨)이라는 병든 부분, 그들의 척진 부분, 눌리워진 한을 스스럼 없이 펴지게 하는 것이다.

이것은 의사가 한 사람의 몸을 고쳐 몸 전체의 조화를 찾게 하듯, 조상과 나, 후손으로 연결된 긴 생명을 건강하게 하는 의식이기도 하다.

조상의 뜻을 기리고 그들의 영혼 앞에 자신을 던져 바른 삶의 길을 찾는 것, 그것이 바로 구명시식의 참뜻이며 윤회의 큰 바다에서 자유롭게 생명을 유지시켜 갈 수 있는 방법이다.

내 생명은 조상 삶의 연속

21세기를, 각 학문은 엄청나게 빠른 속도로 발전, 변화해 가고 있다는 것을 실감하곤 한다.

불교를 비롯한 종교서적도 새로운 시각에서 엄청난 물량으로 발행돼 나오고 있으며, 특히 현대과학과 사회과학적 연구분야에서 나오고 있는 책들은 현대불교 인식에 새로운 지평을 열어 주고 있다.

가끔 나가는 맨하턴 한국인 거리의 서점들을 들를 때마다 이렇게 빠르게 각종 정보와 발간물이 나오고 있는 것에 깜짝깜짝 놀랄 때가 한 두번이 아니다.

삶과 죽음의 문제, 구원의 문제, 사후세계의 문제 그리고 내세를 위한 삶의 구체적 방법론, 현실은 과거와 미래 사이에 어디에 있는 것인가 등의 문제에 대한 수행자의 입장에 있는 필자로선 당연히 종교와 그에 관계된 서적들에게로 발이 가는 것은 당연한 일이다.

수행의 초기 때 깊은 관심을 가지고 읽었던 신비주의적 종교인들의 체험담도 많이 눈에 띈다.

스웨덴의 임마뉴엘 스웨덴보그, 독일의 안톤 메스웰, 미국의 앤드류 데이비스 박사, 레이든 부인 등이 그 대표적인 저자들이다.

또한 그 이후에 나온 새로운 입장의 신비주의적 종교연구들도 계속 눈에 띄고 있다.

그러나 최근 미국과 유럽 그리고 특히 동양의 경우, 일본과 인도 등지에서 나오고 있는 관련 연구들은 이 분야의 고전이 가지고 있는 추상성에 비해 상대적으로 과학적 연구 방법과 실증체계를 가지고 있는 것이 일반적이다.

조상의 영혼은 결코 우리가 생각하는 것과 같이 망령의 움직임이라는 단순한 의미가 아니라 인간이라는 종(種)의 연속에 의한 형질의 유전, 그리고 하나의 개체가 가지고 있는 종족의 보편 형질의 구현성 등을 이야기해 주고 있다.

다시 말해 우리들 한 사람 한 사람의 인생들은 과거 수십만 년동안 지구상에서 생활해 왔던 우리 선조들이 구유했던 보편 형질을 그대로 물려받고 있는 것이며, 이러한 관점에서 조상에 대한 공경과 제례는 자신의 귀중한 가치를 다시 확인함과 동시에 생명 배후를 이루는 영원한 조상령들에게 예의를 나타내는 것이다.

또한 최근에는 인간의 뇌와 신경조직 그리고 '마음'이라는 주제의 신경과학적 연구가 충실해짐으로써 심리학, 사회학에서도 인간이 가진 보편 형질과 영혼의 관계가 다시금 조명되고 있기도 하다.

경험적으로 수행을 통해 또는 불제자나 타 종교인들을 만나면서 느끼는 것은 그 자손들의 행·불행에는 그 조상들의 생활과 생전 업적, 통한(痛恨) 등과 밀접한 관계를 가지고 있다는 점이다.

　인간은 영계에서도 영원히 진보향상하는 운명을 지니고 있으며 따라서 현세와 영계 사이의 교신을 통해 영혼구제에 힘쓸 때 인과법칙까지도 조절할 수 있음이 밝혀지고 있다.

　살아 있을 때 노력하고 도전하고 극복하고 하는 삶의 적극적 자세는 누구에게나 필요하다.

　그러나 많은 사람들은 자신의 생명을 탄생케 해주고 또 삶을 이끌게 해주고 있는 선대 조상들의 의미와 가치에 대해 큰 은혜를 느끼지 못하고 있다.

　그러나 나의 생명이 끝난 후에도 내 자손을 통해 나의 삶이 이어지는 것과 같이, 나의 생명은 오히려 우리 조상 선대들의 삶의 연속이라고 할 수 있는 것이다.

　우리가 이러한 삶의 영속성과 가치에 대해 조금이라도 생각하고 산다면 이민생활도 그렇게 각박하지만은 않을 것이라는 생각을 해본다.

내리는 눈발속에 의연히 서있는 소나무

며칠전 뉴저지의 들판에 때늦은 눈이 내렸다.
벌써 겨울이 다가고 봄기운을 느끼게 했던 때가 엊그제인데 찬바람에 눈발이라는 새삼 눈을 대하는 감이 새롭다.
회색빛 하늘아래 휘날리는 눈발이 온통 집과 나무와 사람들을 덮고 있다.
후암정사 뒤에 서 있는 큰 나무들은 하얀 옷들을 입고 있다.
변함없는 계절의 변화, 그러나 그 변덕스러울리 만큼 다양한 변화 속에서도 나무들은 묵묵히 자리를 지키고 있다.
비바람, 눈발, 낙엽, 빛나는 태양, 바람에 흔들리며 반짝이는 포플러 잎들. 이런 모든 감상적인 말들은 나무가 가지고 있는 다양한 느낌을 보여 주고 있다.
그러나 특히 오늘같이 눈바람이 날리는 황량한 날씨 속에서도 의연히 자기 자리를 지키며 서 있는 소나무들은 오히려 사람을 가르치는 훌륭한 스승 중의 하나이다.
일찍이 많은 예술가들과 시인들이 그 소나무의 늘푸름을 칭찬하며 수많은 예술 작품을 만들었다.

또한 만주벌을 달리던 우리의 선배, 의인, 열사들도 소나무가 가진 상록의 정기를 받으며 자신의 마음을 가다듬었다.

조계산 송광사.

젊은 날 수행의 한 때를 보냈던 도량, 늘 푸른 스님들의 선정이 흐르던 곳.

그곳에도 겨울이면 어김없이 많은 눈이 내리곤 했다.

근처에 있는 조계산의 골짜기와 숲이 깊어서인가 한번 눈이 왔다하면 이른 봄이 될 때까지 골짜기마다 눈발이 남아 있곤 했다.

아침 공양을 끝내고 개울가로 나가 세수를 할 때, 그 눈 덮인 얼음장을 깰 때의 한기를 지금도 생생하게 기억하고 있다.

그러나 각고의 정신 집중과 몸을 부지런히 들어치는 힘든 산중 생활이었지만, 거기에도 위로와 용기를 주는 것이 있었다.

그것은 바로 조계산 중턱 산책로에 깊이 뿌리를 박고 서있던 유난히 키가 큰 소나무가 그것이었다.

특히 지금과 같이 때늦은 눈이 내릴 때면 그 나무는 우람한 흰옷을 입고 흡사 무엇인가 나에게 말을 하고자 하는 것 같았다.

'어려움을 참고 청정무구의 마음가짐을 굳게 지키는 것'—인고의 정직한 자세를 이야기하는 것이었다.

그 나무를 통해 어떤 스승에게서보다도 훌륭한 도덕률을 배웠으며 눈 덮인 소나무, 푸른 하늘을 뒤로 하여 의연하게 풍상을 맞던 그 소나무는 지금도 내 가슴에 깊은 인상으로 남아 있다.

뉴저지 평원 위에 내리는 눈 그리고 그 눈발 속에서 의연하게 서 있는 나무들.

조계산 중턱에 서 있던 소나무와 지금 내가 바라보고 있는 미국 땅의 나무들과 다름이 없다는 것을 느낀다.

자연 만물은 결코 인간보다 못난 존재가 아니다.

만물은 만물대로 그 타고 난 가치와 속성을 가지고 인간에게 도움을 주고 있다.

아니 어떤 의미에선 인간의 자연 만물에게 많은 것을 배워야 한다.

자신의 열매와 자신의 몸까지도 인간을 위해서 내주고 아무 말없이 자신을 희생하는 나무들. 그 자연 만물의 가치를 우리는 다시 한번 생각해 봐야 할 때이다.

자연은 자연대로 큰 생명의 질서를 가지고 있다.

지구는 자체의 열 보전을 위해서 달맞이꽃들을 통해 반응을 한다는 학설이 있다.

이것은 결국 자연, 지구, 더 나아가서는 꽃, 나무, 동맹이 하나가 모두 큰 생명이 있다는 것을 말해주는 것이다.

인간은 자기의 한 평생 짧은 시간의 변화라는 관점에서 모든 것을 해석하기 때문에 자연의 생명과 가치를 지나쳐 버리고 마는 것이다.

인간의 우월과 자연의 대상화로 점철된 인간 역사. 그 속에서 발견되는 무한정의 자연 파괴와 인간 우월주의적 문명 체제.

현대 인간이 목도하고 있는 수많은 문제들—. 곧 공해, 자연

파괴, 인간성 상실, 도덕적인 퇴락, 가정 윤리의 상실 등 거의 모든 문제점들은 결국 이러한 인간 제일주의, 자신의 가치 주장이 최고라는 의식 구조에서 기안하는 것이다.

내리는 눈발 속에 의연히 서 있는 소나무 한그루에서 우리가 많은 것을 배우고 생각해야 하는 이유는 그것이 바로 이러한 20세기 문명의 초극(超克)을 위한 출발이기 때문이기도 하다.

사제의 기본자세

며칠전 법당에 평소 알고 지내던 거사 한 분이 찾아왔다.
"법사님, 도대체 사람들이 왜 그러는지 알 수 없습니다. 정말 이걸 어떻게 받아들여야 할지 모르겠습니다."

그는 자못 흥분을 감추지 못하면서 하소연을 했다. 입고 있는 깨끗한 옷차림과 단정히 빗어 넘긴 흰머리가 완숙한 노신사의 모습을 보여 주고 있으나 눈에는 온통 분노 비슷한 열기가 끓어오르고 있다.

"제가 말입니다. 장장 18년 동안이나 병을 고치러 다녔습니다. 말도 마십시오. 1~2년도 아니고 18년이라면 강산이 2번이나 바뀔 정도의 장장 세월입니다."

그는 손으로 허리와 둔부 쪽을 만지면서 바로 이것이 악성 류머티즘 때문이라고 설명했다. 그는 자신의 하소연을 증명이라도 하려는 듯 가끔 허리를 움직이면서 뚝뚝하는 기분 나쁜 뼈소리를 내고 있었다.

"한국의 그 사람들. 바로 의사 양반들이 나를 이렇게 고생시켰습니다. 한때 나도 한바탕 잘 날린 사람입니다. 그러나 병

한번 나니깐 끝장이 나더라고요. 그 많던 친구·돈·부부·가족의 의가 다 깨져 나가더란 말입니다. 그래서 믿을게 뭐였겠습니까? 장안에서 잘나가는 의사들을 찾아다니는 거죠. 그런데 뭐라고들 그러는지 모르지만 하여튼 엑스레이 찍고 주사 놓고 엎쳤다, 뒤쳤다 병명이 뭐라고 하는지도 기억도 안나는데 그저 사람을 가만 두지 않더라고요. 어떤 의사양반한테 갔더니 심지어 요양원에 가서 기도하라는 말을 듣고 7개월간 멍하니 있다가 돌아왔던 적도 있습니다. 결국은 병도 못 고치고 몸이 만신창이가 돼더라고요."

나를 찾아온 노신사는 이모 전대사로 70년대 아랍의 한 공화국에서 대사를 역임하신 분으로 과거 군부의 실세들과 긴밀한 관계를 유지하던 사람이었다.

그는 당시 가지고 있던 인연, 지연 등의 연결 고리를 타고 나름대로 행세깨나 했으나 나는 최근에서야 그가 병을 고치러 미국에 왔다는 소식을 들은바 있었다.

이 거사가 온통 자신의 투병담을 늘어놓으면서 나에게 전한 메시지는 단 한가지였다. 왜 모르면 모른다고 할 것이지 이것저것 안다고 해서 오히려 사람의 몸을 망쳐 놓느냐 하는 것이었다.

이 거사는 지난해 8월 미국에 와서 LA 근교의 한 전문의료원에서 치료를 받고 오랜 지병을 간단히 고쳤다.

그 의료원의 치료진이 내린 진단은 환자가 과거 수년전 아프리카에 갔을 때 그곳에 기생하는 '셴셴모기'에 물린 것이 악성 류마티즘으로 발전됐다는 것이었다.

결국 그는 18년간 서울 등 한국의 거의 모든 곳의 용한 의사를 찾아다녀도 병명조차 확실히 못찾고 헤매던 것을 물 건너와서는 피검사를 한번 받고 정확한 원인을 발견하게 된 것이다.
"그저 그냥 가서 어떻게 해버리고 싶더라고요."
이것이 그가 남긴 말이었다. 종교와 영혼의 문제를 다루는 어떠한 정신적인 영역에도 의사의 소신과 같은 용기가 필요하다. 바로 모르는 것을 모른다고 대답할 수 있는 마음가짐이다.
이 거사가 만났던 장안의 용한 의사들 뿐 아니라 어느 누구나 어떠한 것에 대해 확실히 알지 못하더라도 자신의 추측과 유리한 방향으로 모든 것을 생각하려 하고 있다.
그것은 바로 자신이 가진 경험의 폭과 상업성의 차원을 벗어나지 못한 위험성을 내포하고 있다.
종교의 세계, 영혼의 세계. 그리고 성직자의 도리 또한 이 거사를 치료했던 의사들처럼 자신 있게, 확실하게 알지 못하는 세계로 상대방을 끌고 가서 인생을 망치게 할 확률이 큰 분야이다.
우리 주위에도 종교때문에 인생을 망치고 가정 파탄내고 직장까지 잃는 경우가 점차 많아지고 있다. 유사종교들이 너도 나도 한판 장사 벌려서 한탕 벌려고 신도를 모으기에 여념이 없고, 상식과 양심에서 출발하는 신앙 동기는 발로 차이고, 광신이 정상으로 취급받는 풍토가 돼가고 있다.
인류에게 있어 종교는 고귀한 것이다. 수많은 생명에게 활력을 주고 전체 인류를 천지신명의 품안에서 하나가 되게 하는 놀라운 위력을 가지고 있다.

그러나 어느 누가 하늘과 땅의 생긴 뜻을, 인간이 가야할 바른 방향의 방법론인 사랑과 자비와 화합을 이렇게 실현해야 한다고 자신있게 이야기 할 수 있는가.

세계는 너무나 넓고, 인간은 너무나 많고, 경우는 매시간 수없이 지속되고 있다. 우주만물, 천하인간사가 끝없는 변화로서 연속되어지고 있다.

이러한 입장에서 각 종교의 사제들이 가져야 하는 기본자세는 무엇인가. 우리가 어느 종교를 막론하고 신도들을 인도하고 위에서 그들을 이렇게 저렇게 하라고 말할 수 있을 정도로 수행이 되어 있는가?

성직자가 용기있게 '나는 이런 것을 모릅니다'라고 이야기하지 못할 때 종교는 이상한 방향으로 흘러 간다.

종교 사제들의 가장 큰 용기는 바로 신도들에게 겸손하게 자신의 모습과 자신이 추구하는 신앙의 궁극점을 그대로 밝힐 수 있는 자신감이다.

우리의 삶을 되돌아 보아야…

뉴욕에 사는 한인교포들에게는 '하면 된다'는 자신감에서부터 더 나아가서는 '어떻게 해서든지 돈벌고 성공해야 한다'는 강박관념 비슷한 것이 보편화 되어 있다.

대부분의 한인 가게들은 24시간 7일 영업이 정상이고 주인 종업원을 떠나 너나없이 밤새며 일하는 게 다반사이다.

어디 그뿐인가. 신문지상에 끊일새 없이 등장하는 각종 사건, 사회문제들을 보고 있노라면 돈벌고 성공하는게 잘못 인식돼 동족의 등을 쳐 치부하려는 파렴치한들까지 늘어나고 있는 듯하다.

부모들이 돈과 명예에 대한 집착이 집요하니 자녀들도 이러한 집념의 대상에서 제외될 길이 없다.

한인에게 있어 미국에는 하바드대학 한군데 밖에 없으며 오히려 중·고등학교는 사설학원 다음으로 중요한 교육장소가 되어 가고 있다.

불법 체류자는 신분을 숨겨가며 3년, 5년 동안 모아놓은 땀에 젖은 한인의 돈을 영주권을 따준다고 속여 가로채는 그들도 다름아닌 한인 동포들이다.

 평소 만나는 교포사회 기관 종사자들은 이러한 한인 교포사회의 이상 징후에 대해 이민사회가 한국도 미국도 아닌 불법천지의 새로운 세상이 돼가고 있다고 우려하고 있다.

 동족이 동족을 울리고, 빼앗고, 가정은 가정대로 파괴되고 우리의 청소년들이 타민족 갱단의 심부름꾼이 되어 동족가게를 털고, 이혼이 늘어나고 마약·알콜 문제가 한인 커뮤니티에 심각하게 등장하는 것은 무엇 때문인가?

 이제는 우리가 마음을 누그러뜨리고 다시 한번 자신을 돌아봐야 할 때가 오지 않았나 생각한다.

 한많고 설움 많은 고국을 등지고 자유의 땅, 축복의 땅을 찾아올 때 가졌던 처음의 생각을 다시 추슬러 볼 때가 된 것이다.

 '하면 된다'는 신념은 우리 한국인 모두에게 근대 이래의 가난을 몰아내는 국가정책, 그것이 가져다 준 일종의 종교였다. 우리 한국인들은 미군 뒤를 쫓아가며 우유, 껌을 구걸하던 비참한 어린 시절을 지내야 했으며, 이데올로기의 대립으로 서로가 서로를 죽이는 극한 상황을 체험하며 현재에 이르렀다.

 대부분의 이민 1세들은 군복에 물감을 들여 옷을 해 입은 기억을 다 가지고 있으며, 먹을게 없어 밀가구로 배를 채웠던 기억도 지울 수 없을 것이다.

 한인들이 범죄율이 높은 이 험악한 뉴욕 땅에서 하루 24시간씩 일하며 휴일도 없이 삶을 살아가는 이유를 타민족들은 이해할 길이 없다. 그들에게는 가난과 성공, 물질적 궁핍에 대한 한국인이 가진 기억과 집념이 없기 때문이다.

그러나 이러한 한인들의 지나친 성공욕이 가져 오는 여러 가지 비극적 상황은 이제 절제해야 할 때가 된 것이다.

50년의 이민역사가 지속되고 2세들이 본격적인 미국의 메인 스크림으로 진출하기 위해서는 이제 노동의 양이 아니라 노동의 질과 창조적인 정신이 필요한 때가 된 것이다.

종교적인 명상과 침묵에 까지 이르진 못할지라도 자신의 생활에서 한 박자, 한 템포 늦춰 자신을 돌아보는 지혜가 필요할 때다.

"내가 경주마처럼 그저 앞으로만 뛰는 인생을 사는게 아닌가. 내가 목을 매는 자동차, 집, 가게 때문에 누구말대로 '모가지 인생'을 사는게 아닌가."

"애들이 하고 싶은 공부를 하게 해야 하는데 괜히 내 고집대로 애들을 몰아가고 있는게 아닌가."

이러한 성찰이 결코 자신이 추구해 가는 성공이라는 단어와 멀리 떨어지게 하는 것은 아닌가. 왜냐하면 인생에 있어서 성공이란 돈과 명예, 권력과 일치되는 것이 아니기 때문이다.

오늘 아침도 배달된 신문의 첫장을 펴보면서, 한인사회의 많은 문제점을 극복하기 위해서는 한인들 모두가 친구와 목적없이 차를 한잔 마시고 마음속에 한포기의 난을 가꾸는 그런 여유가 필요할 때라는 상념에 젖게 된다.

미래 세계는 질에 의해 판가름된다

 어쩐지 뉴욕에 처음 발을 디디는 순간부터 낯설지 않았다. 생전 처음 오는 곳이었음에도 수십년 살았던 고향과도 같이 느껴졌었다. 그래서 또다시 부랴부랴 뉴욕을 또 찾았다. 이를 일러 인연이라 하는가 보다. 앞으로도 뉴욕의 잘못된 일, 고달픈 일, 그리고 힘든 일을 도맡아 해보고 싶다는 거대한 원력을 가져 본다.
 지옥에 있는 모래알처럼 많은 중생들이 성불하기 전에는 자신의 성불을 멈추고 그들을 돕겠다는 지장보살의 원력까지는 못된다고 할지라도 필요한 곳에 서서 꼭 필요한 일을 하는 사람. 바로 그 사람이 되고 싶다.
 이곳 뉴욕이야 말로 내가 필요한 곳이라는 확신이 선다. 무엇보다 이곳 동포들이야 말로 친근한 벗을 필요로 하고 있기 때문이다.
 세계 어느 민족이든지 해외에 많은 자국민을 내보내고 있다.
 숫자상으로 가장 많은 교포를 내보내고 있는 나라는 중국으로서 세계 어느 나라에 가든지 차이나타운이 있고, 10억 인구의 방출답게 중국인은 전 세계를 덮고 있는 셈이다.
 여기에 비해 일본인들은 경제적인 신식민정책을 시작했다고 봐야 옳을 것이다.
 남미에만 대략 일본 본토의 50배에 해당하는 농지와 상업지를 구입하고 있고, 최근 하와이의 부동산은 3분의 2쯤이 일본인의 손에 넘어갔다는 비공식 통계가 있다.
 미국 뉴욕의 유수한 건물로부터 언론사에 이르기까지 일본의 국력은 본격적으로 미국 대륙에 상륙하고 있다.
 심지어는 최근 미국의 자동차업계가 미국 상표로는 판매고가 올라가지 않는데, 똑같은 자동차에 일본 상표를 붙였더니 판매고가 배이상 올라갔다는 발표도 있었다.
 현재 동남아 지역의 합작기업의 외국인 투자기업은 대부분 일본기업이라는 것은 다 알려진 사실이다.
 파리에서 가장 땅값이 비싼 오페라가의 대부분이 일본인들의 소유로 밝혀지고 있다.
 바야흐로 중국인의 숫적 황화론, 일본인들의 경제적 황화론이 전세계를 위협하고 있는 셈이다.
 그런데 최근 우리 한민족은 숫적인 면에서나 경제적인 면에서는 중국민족이나 일본민족에 뒤떨어지지만 그 분포도에 있어서만은 전세계를 커버하고 있다는 새로운 사실이 밝혀지고 있다.
 우리의 해외교포는 통칭 중국에 2백만, 소련에 40만, 미국에 1백만, 일본에 70만이라고 얘기하고 있지만 그 분포에 있어서는 북극권의 아이슬란드에서부터 아프리카의 케이프타운,

호주의 시드니, 남미의 리오데자네이로에 이르기까지 전지역을 망라하고 있고, 베트남은 물론 알바니아, 쿠바에 이르기까지 남북동포가 있지 않은 곳이 없게 되었다.

그렇다면 우리는 중국민족의 양적 민간외교, 일본민족의 경제적 민간외교에 대비해서 어떤 외교를 펴나가야 할 것인가.

한마디로 질적인 외교, 우수한 한민족의 슬기를 떨치는 민간외교를 펴나가야 할 것이다.

이미 음악계만 보더라도 바이올린의 정경화씨가 세계 정상에 올라 있고, 지휘자 정명훈씨는 파리 최고의 오케스트라 바스티유 교향악단을 맡게 됐고, 그 교향악단과 함께 모국공연을 한바가 있다.

뿐만 아니라, 1990년 차이코프스키 콩쿨 성악부분에서는 뉴욕교포 최현수씨가 최고의 영예를 차지하기도 했다.

소련의 교포중에서도 이미 루드빌라 남이나 넬리 김 같은 예체능의 천재들이 나타났고, 중국의 우리 교포는 연변 조선족 자치주라는 소수민족의 자치권을 이미 획득한 바가 있다.

또 미주지역에 진출한 우리 동포들은 동부의 명문대학에서 이미 인정을 받기 시작했고, 자녀들의 교육에 가장 성공한 민족으로 평가받고 있기도 하다.

또 일본에 있는 교포들은 그 눈물어린 이민 과정에도 불구하고, 지금은 경제적으로 성공하여 지난 서울올림픽 때 해외교포로서는 가장 많은 성금을 보내주는 저력을 발휘했다.

유럽쪽에서도 많은 예술인들과 지식인들이 세계 정상급으로 활동을 하고 있는 상태다.

무엇보다도 세계 기능올림픽대회에서 우리가 8연패의 위업을 달성한 것은 21세기 우리의 위상을 확실히 보장해 줄 수 있는 근거가 되고 있기도 하다.
　마찬가지로 우리 민족이 서기 2천년이 되기 전에 민족통일의 가시적 성과를 이룩하고, 남북이 합쳐진 힘으로 국제무대에 진출할 때 우리는 분명히 질적 황화론, 아니 빛나는 동방의 예지로써 세계인을 놀라게 하는 기적을 이룩할 것이다.
　경제의 단계적 발전론으로 유명한 미국의 로스토우 교수는 한국이 정치안정과 내부단결을 이루는 한, 21세기에는 세계경제대국으로 도약할 것이라고 예언한 바 있다.
　분명 21세기는 국가와 국가의 서열이 바뀌고, 민족과 민족의 우열이 판가름 나는 중요한 시점이다.
　지난 걸프전에서 재래식 전법이나 무기를 가졌던 이라크 병사들이 단 3일만에 10만 이상의 사상자를 낸 것에 비해 다국적군은 단 3백명의 사상자를 낸 것을 보면, 앞으로 세계는 양에 의해서 우열이 가려지는 것이 아니고, 질에 의해서 판가름 난다는 것을 가슴에 깊이 새겨야 할 것이다.

미국의 인괴응보

뉴저지에 위치한 내 작은 정원에 나서 본다.
본국에서 보지 못했던 무궁화가 한여름의 햇빛을 받아 만개해 있다. 문득문득 보이는 하늘을 배경삼아 무궁화의 밭이 이어지고 있다.
발을 옮기며 꽃이 가지고 있는 진정한 의미와 사람들이 가지고 있는 보편적인 지식 사이에는 얼마나 차이가 있는가를 생각해 본다.
옛날 신라시대 선덕여왕때 당태종이 우리나라에 처음으로 모란꽃을 보냈다. 많은 신하들이 둘러앉아 여왕에게 '이 꽃은 향기가 없는 꽃입니다'라고 일러 주었다.
그 꽃에는 벌과 나비가 날아들지 않았다.
그후 모란꽃은 수많은 화가, 묵객들에 의해 그려져 왔지만 벌과 나비가 모여드는 향기로운 꽃이 아닌 그저 모양만 아름다운 꽃으로만 여겨져 왔다.
그러나 최근에 밝혀진 바에 의하면 모란꽃은 향기가 없는 것이 아니라 향기 자체가 암모니아 냄새를 내고 있기 때문에 벌과 나비가 날아들지 않는 것으로 밝혀졌다.
 우리도 지금 그러한 오류를 저지르고 있지 않은지…. 당연하게 생각하고 있는 사실이, 우리가 진리라고 믿고 있는 것이 사실은 모란꽃에 대한 오류와 같은 것이 아닐까 생각해 본다.
 많은 사람들은 종교인들이 추구하고 있는 영의 세계에 대해 부정을 한다. 살아 있는 육체가 모든 것의 중심이고 죽은 다음의 세계에 대해서 말하는 사람들을 이상하게 생각한다.
 과연 이러한 생각이 맞는 것일까. 그렇다면 왜 수많은 종교인들이 내세의 삶을 기약하며 선의 공덕을 행하고 자비를 베풀고 이웃을 사랑하고 조상을 공경하고 때로는 죽음까지도 불사하는가.
 다시 발길을 옮긴다. 푸른하늘을 배경삼아 피어있는 무궁화 꽃들이 바람에 흔들린다.
 아, 무궁화는 대한민국의 국화이기도 하지만 그 이전에 온 우주의 신비를 한 몸 가득히 간직하고 있는 꽃 그 자체인 것이다.
 우리들이 무궁화를 보고 '아 저 꽃, 무궁화, 우리나라 국화야'라는 선입관을 갖지만 그 이전에 뉴저지에 밭을 일며 피어있는 무궁화 꽃은 아름다운 꽃, 생명의 꽃, 그 자체인 것이다.
 며칠전 몇 명의 친구들과 함께 미국 동북부에 있는 명상 '키테알리산'에 올랐다.
 억수로 쏟아지는 빗속에서 인디언들이 기도소로 사용했던 성지에서 기도를 했다. 우연의 일치일까. 때마침 기도 시간을 맞춰 비가 멈췄다. 그러나 내려오면서 다시 억수같이 쏟아지는 그 빗속에서 그 비는 인디언의 눈물이 아닐까 하고 생각했다.
100만 이상이 살육당했던 인디언의 역사 ㅡ.
맨하턴 남부에 위치한 월스트릿은 접근하는 백인들에게 저항하고자 인디언들이 담을 쌓은 것 때문에 붙여진 이름이다. 그 참혹했던 역사의 현장에 지금 월드트레이드 빌딩이 대서양을 바라보며 우뚝 서있다.
그 인디언들, 그들은 지금 어디에 가 있는가. 죽은 자는 편안할지 모르나 살아있는 자들은 자신들의 고향을 쫓겨나 보호구역에 살면서 알콜중독자가 되었다.
백인들은 인디언들을 쉽게 다스리기 위해 독한 술을 가르쳐 그들의 정신을 퇴폐케 했다. 그들은 지금도 눈물을 흘리고 있는 것이다.
옐로우 캡들이 질주하고 있는 맨하턴. 병들어 죽어가며 구걸하고 있는 거지들. 마약문제로 골머리 썩는 곳. 총맞아 죽는 사람이 하루 멀다 하고 나오는 곳.
왜 미국은 지금 그토록 썩어가고 있는가.
불교에 인과응보라는 말이 있다. 선한 업을 지으면 선한 결과를 낳게 되고, 악한 행위를 계속 저지르면 악한 업보를 낳게 된다는 불교 용어이다.
전생과 현생과 후생을 통털어 인간과 자연은 이러한 업보의 연속으로 이어지고 있으며 어느 누구도 이 굴레에서 벗어날 수 없다.
미국이 앓고 있는 병, 그것은 고쳐질 수 있다. 그러나 그것은 경찰력으로, 행정조치로, 사회보장으로는 개선되지 않는다.

미국인들이 자신들의 풍요로운 나라를 만들기 위해 과거 행했던 자신들의 과오, 곧 인디언들의 눈물을 씻어줘야만 그들은 제대로 설 수 있다.
　뉴저지의 무궁화 밭, 그리고 푸른 하늘—. 온 우주는 커다란 질서에 의해 돌아가고 있다.
　현상에서 발생하는 문제점은 반드시 그 근원에 문제를 발행한 그 무엇이 있다.
　미국의 지도자들과 양식있는 사람들. 이제 그들 모두는 그들의 사회악이 혹시 자신들의 과거에 저지른 토착민에 대한 야만인적 행동때문이 아니었나 라는 깊은 뉘우침을 해야만 할 때이다.

현대 시민의 위상

 인간이 만물의 영장이라고 불리는 까닭은 무엇인가.
 학자들은 인간이 다른 종(種)과 달리 문명 역사를 이룩해 오며 현재까지 지구 위에 생존할 수 있었던 이유에 대해 많은 이야기들을 하고 있다.
 어떤 학자들은 인간이 손을 사용해 도구를 제작 사용한 것에 중요성을 두고 있으며, 다른 학자들은 인간이 가지고 있는 말할 줄 아는 능력에 큰 의의를 두고 있다.
 또 '사회적 동물', '직립(直立)인간' 등 인간의 생물학적 조건을 이야기하는 많은 학설들이 있는 것도 사실이다.
 그러면 과연 인간이 다른 동물과 다른 점은 무엇일까. 내가 보기에 그것은 인간이 역사성을 가지고 있다는 것이다.
 다른 동물과 달리 인간은 자신들이 지나온 세월과 그 세월속에 구축된 경험과 지식을 기록하여 왔다. 불경도, 성경도, 세계사도, 문화사도 또한 현재의 상황을 기록하는 어떤 책도 사실은 인간 역사를 기록하는 행위의 연장일 따름이다.
 인간은 과거의 역사를 보고 현재 자신의 위치를 알고 때로는 뉘우치고 후회한다. 또한 과거 역사를 거울삼아 미래를 꿈꾸기도 한다.

한국의 계룡산 — 풍수지리를 하는 학자들 뿐 아니라 심신을 닦고자 하는 종교인들이 한번씩은 오르고자 하는 명산이다.

그 계룡산은 물론 좌청룡, 우백호, 남주작, 북현무의 풍수지리 법칙에도 맞아 떨어진다. 그러나 그보다 더욱 중요한 것은 산의 각 봉우리가 주봉을 향해 모두 읊조리고 있는 기이한 형상이다.

이러한 모습은 다른 어떤 산에서도 발견되지 않는다. 사람도 갖추기 힘든 도덕성을 산이 가지고 있으니 그 산이 영험하지 않다고 말할 수 있겠는가.

고국을 떠나 이역만리 타향에서 살고 있는 교포들. 인고의 세월을 보낸 덕에 물질적인 면에서는 어느 정도 기반을 잡았으나 아직까지도 정신적인 면에서는 뿌리를 내리지 못하고 있는 그들이다.

뉴욕의 교포들은 최근 들어 더욱 어깨가 쳐진다고 말한다. 긴 불경기의 탓도 있으나 몇 년 전부터 들려오는 고국의 땅값, 집값 소식이 더욱 가슴을 아프게 한다고 한다.

행여 주위에 있는 친구나 친척, 이웃들이 한국을 다녀올 때면 고국소식을 들으면서 한마디씩 한다.

'그로서리, 세탁소 등 땀으로 일군 전 재산을 다 팔아도 강남에 있는 아파트 한 채도 못살 지경이다'라고 털어 놓는다.

게다가 본국에서 오는 신문, 방송의 소식중에는 미주교포에 대한 부정적인 모습들이 비쳐지고 있어 화가 나기도 한다.

이제 더 이상 미주 교포는 부러움의 대상도 아니고 미국이란 나라가 신천지도 아니다. 오히려 급속하게 발전하는 한국이 '가능성의 땅'으로 더욱 크게 부각될 뿐이다.

전부터 잘 알고 지내던 한 학자가 이렇게 이야기했다.

5백불씩 주급을 받는 사람이 자신의 월급 전부를 5년간 꼬박 모아야 10만불을 벌 수 있다. 그러나 이 돈을 모으는 기간에는 병이 걸려서도 안되고 아이를 낳아서도 돈을 모을 수 없다. 정말 피눈물나게 돈을 모아야 10만불이 될 수 있다는 것이다.

그러나 한국에서는 과거부터 집을 가지고 있는 사람들이 그저 앉아서도 1년에 10만불 정도씩은 우습게 번다는 것이다. 이러한 위화감이 뭉쳐지고 뭉쳐져서 교포들의 본국에 대한 감정, 본국인의 교포에 대한 감정이 얽혀지게 된다는 것이다. 그러나 교포들의 이러한 심정을 보면서 한편으로 안타까운 감정을 떨칠 수 없다.

왜 교포들은 자신들의 삶에 대해 자부심을 갖지 못할까. 본국에 대해 지나치게 신경과민 증상을 보이고, 또 교포 대상의 향락업소들은 부지기수로 늘어나는 까닭은 무엇인가. 나는 이러한 생각을 해본다.

이제 이러한 것을 모두 불식하고 뉴욕에 사는 한인들이 떳떳하게 자리잡을 수 있는 것은 '각 개인들이 해외교포로서의 자부심을, 자신감을 가져야 한다'는 것이다.

우리는 할 만큼 했다. 올림픽도 도와줬고, 한국의 국제적인 위상 확보에도 일익을 담당했고, 또한 2세 자녀들을 우수하게 길러 탁월한 두뇌의 소수민족이란 이야기도 만들어 냈다.

우리가 델리·봉제·네일 가게 등을 하면서 뿌리 깊은 미국의 인종 편견에 시달리고 있지만 우리 본국인들에게 떳떳하게 내세울 명분이 있다는 것이다.

계룡산이 주봉을 향해 있으면서도 자신의 기세를 잃지 않는 것— 그것이 바로 계룡산이 명산이 되는 이유중 가장 큰 것이다. 개인도 마찬가지다. 사회와 조직의 질서를 따르면서도 자신의 개성을 잃지 않는 것. 그것이 또한 현대가 요구하는 시민의 바른 모습이다.

뉴욕 교포들, 최근 벌어지고 있는 여러 가지 교포사회의 정신적 혼란을 이겨낼 수 있는 방법은 바로 한국에 대한 뿌리 의식을 버리지 않으면서 우리가 처한 환경속에서 자랑스런 자존심을 갖는 것, 그것 뿐인 것이다.

후암정사의 첫 구명시식

삶과 죽음— 그 명확한 갈림길에서 인간은 서성대고 있다. 과거 수많은 인간이 죽어 갔고, 또한 살고 있으며 앞으로 태어날 것이다.

인간의 삶이란 무엇인가. 그리고 그 삶이 끝나는 죽음이란 무엇인가? 수많은 종교인, 철학자, 시인들에 의해 삶과 죽음이 끝없이 이야기돼 왔으나 진정 이 시대에 그 본질에 대해 정확하게 알려 줄 사람은 과연 몇이나 되는가?

삶이란 어디로부터 오는 것이며, 죽음은 어디를 향하여 가는가. 〈삶이란 한조각의 흰구름이 일어남과 같고 죽음이란 한조각의 흰구름이 사라짐과 같도다. 그러나 흰구름 자체가 본래 실상이 없는 것이니 삶과 죽음 또는 그러한 것이 아니겠는가.〉

〈무상게(無相偈)〉

수많은 종교 철학자들이 삶과 죽음에 대해 이야기했지만 이 〈무상게〉만큼 삶과 죽음의 의미를 간명하게 설명한 말도 드물다.

기독교는 기독교대로, 불교는 불교대로, 유교는 유교대로 또한 다른 종교는 그 나름대로 각자의 생사관을 가지고 있다.

그 생사관에 따라 많은 사람들은 자기 삶에 확신을 가지고 살며 또한 편안히 죽음을 맞는다.

구명시식(救命施食)— 불가에서 죽은 조상의 혼을 불러 달래고 그 혼을 좋은 곳으로 천도하게끔 하는 의식이다. 기독교에서 안수기도를 하고 죽은 자의 영혼을 위해 기도를 하듯 불가에서도 죽은 조상을 위해 갖는 의식이다.

보통사람들은 구명시식의 효과에 대해 고개를 갸우뚱 하곤 한다. "과연 그럴 수가 있을까", "그러한 기도나 의식을 가지고 이미 세상을 떠난 분들의 영혼에 도움이 될까", "아니 혼이라는 게 정말 있는 것일까"등 여러 가지 생각들을 하게 된다.

그러나 우리 조상들은 불가에 귀의한 신도건 아니건 조상을 잘 받들어야 자손이 번성한다는 것을 예로부터 천리(哲理)로 여겨왔다. 조상을 섬기는 미풍양속을 으뜸으로 꼽으면서도 정작 이를 과학적으로 규명하려는 노력은 없었으며 오히려 금기시(禁忌視)해온 형편이다.

영혼에 의해 일어나는 심령현상을 과학적 규명을 통해 응용하는 심령과학은 이미 일반화 되고 있는 추세이다.

미국을 비롯한 과학 선진국의 경우 앤드류 데이비스, 레이든 부인(미국), 안톤 미스웰(독일), 임마뉴엘 스웨덴보그(스웨덴)등이 심층적인 연구로 폭넓은 공감을 얻고 있다.

이러한 영혼에 대한 연구는 역사적인 과정도 가지고 있는데 이미 1981년에는 캐임브리지대학에 심령학회가 생겼고 뒤이어 옥스퍼드대학에 현상학회가 발족돼 과학적 연구가 진행돼

오고 있다.
 조상들의 생애를 조사해 보면 그 자손들의 행·불행에 인과법칙이 엄밀하게 적용되는 것을 알 수 있다.
 인간은 영계(靈界)에서도 영원히 진보향상을 하는 운명을 지니고 있으며 따라서 현실과 영계 사이의 교신을 통해 영혼구제에 힘쓸때 인과법칙까지도 조절할 수 있음이 밝혀지고 있다.
 뉴욕에 처음 도착해 맨하턴을 걸으면서 느낀 것은 그 풍요와 만족 위에 아직도 사라지지 않는 전생의 나쁜 업보들이 많다는 것이었다.
 교포들 중 영적인 문제 때문에 괴로움을 당하고 있는 분들이 많은 이유는 그러한 곳에서 살고 있어서인지 모른다.
 며칠 전 뉴욕에 살고 있는 교포들 중 몇 분들을 위하여 그분들의 조상이 가지고 있는 여러 가지 불만이나 원한을 달래보려는 의식을 처음으로 가졌다.
 살고 있고 또한 죽어 있는 것은 무엇이냐? 그리고 그 죽음 뒤에 있는 커다란 인과의 힘은 무엇이냐?
 이 근원적인 물음과 함께 음식을 준비하고, 용맹기도를 드리면서 매일매일 정성을 쌓는 기간을 가진 후 교포들 중 어려움을 호소하는 5명에 대한 구명시식 행사를 갖게 되었다.
 그날은 무더운 날이었다. 그러나 구명시식에 참가한 모든 이들은 서늘함을 느꼈다.
 뉴저지 내 작은 법당 안은 무거운 침묵이 흘렀으며 과거와 현재 그리고 미래를 오가는 나의 질긴 의식만이 치열하게 움직이고 있었다.

결국 기도의 효험이 있었던가. 가족들의 정성이 있었던가 아니면 뉴저지 포트리 후암정사가 자리를 잘 잡은 것 때문인가.

참가했던 5명 모두에게 그들이 겪고 있는 정신적 고통 뒤에 잠재하고 있는 영적인 힘이 모두 풀어져 나왔다.

죽은 아버지의 설움 많은 한, 양부모의 핍박과 고통 또는 그와는 다르게 조상들이 가지고 있던 못된 악업 등이 얼음이 녹듯 슬슬 풀어져 나오는 것을 느꼈다.

그러나 또 한가지는 그들 중 반수 정도는 좋은 조상들의 힘을 받고 있어 곧 영적인 괴로움이 회복되리라는 것을 강하게 느꼈다. 기도와 철저한 정신집중 속에서 치러졌던 뉴저지의 구명시식, 처음 뉴욕에서 영혼에 얽힌 문제를 풀어줬다는 데서 일말의 사명감을 느꼈다.

뉴저지의 작은 나의 거처, 후암정사에 가을을 재촉하는 마지막 비가 내리고 있는 아침이다. 커다란 창문을 통해 밖을 본다. 온통 나무숲들은 깊은 녹색을 띠며 변해가고 있다. 그들도 생명의 순환을 어김없이 받고 있는 것이다.

코에 와닿은 그 숲속의 향기—꽃냄새와 땅냄새가 함께 있는 원초적 생명의 향기.

인간은 우주만물이 겪고 있는 생사윤회의 큰 순환 속에서 벗어날 수 없는가. 왜 많은 사람들이 과거에 저지른 행동 때문에 고통을 당하고 현재의 아픔을 가지고 살아야 하는가.

나는 또 다시 근원적인 질문을 되뇌이면서 내 작은 법당문을 들어서고 있다.

불자(佛子)를 위해 제도개선 필요

계절이 바뀌고 있다.

무성하던 신록이 이제 서서히 그 색깔을 잃어가고 있다. 머지않아 숲은 황금색으로 붉게 바뀌어 갈 것이다.

뉴저지의 후암정사.

그 작은 수행도량의 주위에도 가을이 찾아들고 있다.

나와 함께 정기적으로 모여 생활불교를 지향하는 분들과는 다가오는 이 가을과 함께 그 만남이 점점 깊어지고 있다.

2천 5백년전 인도의 녹야원 — 부처님께서 첫번째 설법을 하시고 그 뜻을 세상에 편 이후, 그의 가르침은 인류사에 큰 변화를 가져오게 되었다.

불교이념을 근간으로 국가가 섰으며 봉건적인 경제제도하에서도 불교의 자비율법이 크게 영향을 끼쳤고, 문화적으로도 불교 정신이 대단한 위력을 발휘한 것을 알 수 있다.

수없이 많은 선열들이 자비, 광명의 불교이상을 희구하다 죽어갔으며, 또한 인간 이외의 많은 생명체들도 우주의 하머니[조화]를 추구하는 불교로부터 도움을 받았다.

연기론은 불교철학의 중요한 테마이다. 우주만물은 시간과 공간이라는 날줄과 씨줄로 짜여진 한폭의 아름다운 비단자락이다.

한 생명체의 울림은 반드시 그 전체 우주에 반응을 일으키게 한다. 아무리 작은 에너지의 흐름일지라도 그 에너지는 어떤 구체적 대상에 힘을 행사하게 된다.

그러나 많은 사람들은 이러한 우주만물의 기본적인 법칙에 대해 회의하고 있다.

악한 일을 저지르면 악한 업보를 받고, 선한 일을 행사하면 선한 업보를 받는다는 불교이야기를 받아들이려 하지 않는다.

'불교 연기론'은 인류의 고전 종교가 가진 인간존중의 범(汎)패러다임을 구축하고 있으나 바로 이러한 시간과 공간에 대한 명쾌한 인과율(因果律)을 확정해 놓고 있는게 특징이다.

자비와 적선·선행·구도·제도(濟度)등 불교의 실천 이념은 이러한 기본적 인식에서 출발하고 있다.

생활불교—2천 5백년전 부처님의 가르침이 그토록 큰 역사적 변화를 일으켰었다면 오늘날 그 불교가 가지고 있는 역동성(逆動性)은 무엇인가.

많은 분들이 불교의 현대화를 주장하고 있으나 아직도 불교는 과거의 종교로만 대접받고 있다.

현대물리학과 현대윤리학에서 불교의 탁월한 세계관, 인간관을 칭송하는데도 불구하고 현재의 사원에서 행해지는 설법과 제도는 아직도 봉건성을 탈피하지 못하고 있다.

칼 야스퍼스가 그의 위대한 철학의 생애를 불교 도덕의 새로운 조명에서 마감하였음은 잘 알려져 있다.
 또 원자물리학의 심오한 세계가 《반야심경》의 색즉시공(色卽是空) 공즉시색(空卽是色)에 철학적 근거를 가지고 있듯이. 이제 불교는 새로운 모습으로 보여져야 한다.
 불교를 믿는 많은 신도들이 불교를 통해 힘을 얻고 자신감을 갖도록 해야 한다.
 개인의 구원을 위한 부처님의 가르침을 설명함과 동시에 불교를 통해 가정의 평화를 얻고, 기업을 일으키고 사회와 국가를 위해 능력을 발휘할 수 있게 해야 한다.
 부처님이 가정의 중요성에 대해 가르치신 윤리규범들 — 4대 부중 모두가 화엄세계를 장엄하게 하는 중요한 요소가 되듯, 우리들은 각자가 가진 개성들을 발휘해야 한다.
 우리가 사는 삶 속에서 각 신도들이 개성을 발휘하고 가정을 꾸미고 자신의 능력을 발휘하게끔 이제 불교는 새롭게 해석되야 한다.
 불교 복식도 효종과 이완 장군이 북벌을 위해 군사들의 군복인 엉성한 바지 저고리를 간편하게 바꿨듯이 복장부터 바꿔야 한다.
 승려의 법복이 종교의식과 권위를 위해 현재처럼 많은 장식과 까다로운 격식이 필요할 수 있으나 그 주장은 불교가 가진 자비행과 중생제도의 진수와 맞아 떨어지지 않는다.
 먹물들인 법복을 간편하게 바꾸고 가능하다면 밝은 색으로 바꾸면 더욱 좋겠다.
 불교 집안의 구성원들이 생활에 활력을 찾고 그 안에서 기쁨을 얻을 수 있도록 기존의 제도 등에 대한 개선이 필요하다.

정신과 물질이 하나이듯, 색과 공이 하나이듯이—.

어찌 현대문명 속에서 물질은 시시각각으로 깨어나고 있는데 불교를 독경하는 적지 않은 불자들의 정신은 과거를 향하고 있는가?

물질의 변화에 따라 정신이 새롭게 변화하는 것이 인간의 지혜가 아니겠는가?

인간 존엄성 찾기

우주 가운데 홀로 서있는 인간— 슬플 때나 기쁠 때나 외로울 때나 사랑할 때나 늘 혼자일 수 밖에 없는 것이 인간이다.
태어날 때 홀로 이 세상에 왔듯이 죽을 때도 혼자일 수 밖에 없는 인간.
이 광활한 우주 속에서 홀로 왔다가 홀로 가야만 하는 인간의 존재 의미는 과연 무엇인가?
부처님께서 탄생하실 때 처음으로 말씀하셨던 '천상천하유아독존'이란 유명한 말이 있다.
'하늘 위에 하늘 아래 자기 자신만큼 귀한 존재가 없다'는 말이다.
위대한 세계관, 불교의 출발은 바로 인간의 존엄한 가치를 우주만물의 무엇보다도 귀중하다고 여기는 기본인식에서 시작한다.
부처님의 가르침을 따르며 자신의 삶을 완성해 간 조사·보살·나한·거사 등 우리의 종교 선배들. 그들은 부처님의 이러한 개인의 가치 존중을 어떻게 받아들였는가?.

임제선사의 살생법문—

〈부처를 만나면 부처를 죽이고, 보살을 만나면 보살을 죽이고 나를 만나면 나를 죽이라.〉

그는 불교의 교조는 물론 보살, 더 나아가서는 자기 자신까지를 죽이라는 끔찍한 이야기를 하고 있다. 그러나 그가 이야기하는 바의 진수(眞髓)는 무엇인가?

쉽게 이야기하면 진정한 개인, 자기 자신의 본체를 찾기 위해 그를 탁하게 둘러싸고 있는 관념, 즉 허상들을 없애버려야 한다는 것이다.

그는 기존 권위와 관념의 상징으로서 부처·보살·자기 자신 등을 이야기하고 있으나 그 이야기의 내면에는 진정한 자아를 찾아야 한다는 강한 주장이 숨어 있는 것이다.

현대문명은 천하 우주만물의 기본 구성 단위인 생명, 그 개개의 가치를 왜곡시키고 있다.

정치는 정치대로 개인보다는 집단을 강조하며 진행된다. 20세기말 인류가 구축한 최고의 정치이념인 민주주의에서 주장하는 바와는 달리 실제는 집단과 다수의사가 더욱 부각된다.

경제는 경제대로 기업과 국가가 핵심이 되고, 가계(家計)는 전체 경제 운영의 수단 정도로 밖에 인식되지 않고 있다.

문화·사회 등 각 분야에서도 이러한 개인의 존엄한 가치는 눈에 보이지 않는 힘과 구조적 경색에 의해 쉽게 허물어지고 있다.

예수님께서도 그 짧은 생애를 통해 외치셨던 인간에 대한 존엄한 가치—

그가 3년이란 공성애(公生涯) 기간 동안 피토하듯 주장한바는 인간이 신의 아들처럼 고귀한 존재니 서로 사랑하고 화합해서 살아야 한다는 도덕률이었다.
 천도교의 인내천(人乃天) 사상— 한국 전통사상의 핵심을 꿰뚫고 있는 수운 최제우의 가르침은 '인간이 곧 하늘만큼, 하나님 만큼 지극히 귀한 존재'라는 것을 가르쳐 주고 있다.
 그러나 정치・경제・사회・문화가 지극히 고도화 되면서 컴퓨터 문명이니 과학 기술시대니 하고 규정지어지는 현대에 있어서 종교는 무엇을 지향하고 있는가?
 개인 개인의 소중한 가치를 인정하고 그를 북돋워 새로운 생명으로 변화시켜 나가기 보다는 교파는 교파대로, 종파는 종파대로 집단의 이익과 이념에 맞춰 개인을 무지막지하게 끌고 간다.
 교회를 세우고 신도의 머릿수를 늘리고 종교 재산이 많아지고 외연적(外緣的) 힘이 많아져야 성공했다고 믿는 종교인들이 대부분이다.
 정말 그럴까. 나는 이것이 잘못된 생각이라고 말하고 싶다.
 종교는 개인의 완성을 희구하는 의식이며 그 의식의 총체이다.
 현대종교는 이제 교리나 주의・주장을 넘어서서 구성된 각자들이 가지고 있는 '개인의 가치'를 다시 소중하게 가꾸는 것으로 돌아가야 한다.
 부처님이 이 세상에 나신 후 처음 하신 말씀, 예수님께서 죽어가면서 까지도 가르치신 말씀, 수운선생이 백척간두 풍전등

화의 위치에 처한 천하의 모습을 보고 외치셨던 말씀, 그 모두가 인간 개개인의 존엄성에 대한 새로운 확인이었다.

이제 21세기, 새롭게 열린 인류문명시대를 맞아 종교는 집단과 조직, 종교 권력, 경제 등에 대한 관심보다는 구성원 개개인이 가진 생명의 존엄한 가치와 그들이 가지고 있는 작은 생활, 그것을 가장 큰 목적으로 삼아야 할 것이다.

지옥과 천국은 어디에 있는가?

지옥은 '땅지(地)', '감옥옥(獄)'이라는 한자어(漢字語)이다. 땅속에 있는 지옥이라는 뜻이다.

지금은 기독교 등 종교에서 죄진 자들을 가두는 지독한 개념으로 쓰여지고 있는데 옛날에는 실제로 존재했던 장소였다.

고대 사회에서 전쟁포로나 반역자 등 중죄인을 벌주고자 할 때, 물론 죽이지 않는 범위 내에서겠지만 어쨌든 지옥이라는 곳에서 죽도록 고통을 줬던게 사실이다.

과거 지옥은 철과 동, 아연 등을 캐는 탄광을 말하고 있었다. 철기시대, 청동기시대때 사회적으로 가장 귀중한 것은 무엇이었던가?

그것은 바로 철과 동을 캐서 만든 무기나 장신구였다. 전쟁포로 등의 잉여 노동력을 여기에 투입했던 것은 당연한 일이었다.

지옥에서 일하는 사람들에게 온전히 음식을 공급해 줬을까? 또한 병이 나면 치료해 가면서 일을 시켰을까? 잠을 제대로 재웠을까? 옷을 제대로 입혔을까?

지금 우리가 상상하지 못할 일이 지금의 교도소에서 벌어지고 있는데, 야만이 판치던 고대사회의 지옥에서는 과연 어떤 일들이 벌어질 수 있었을까?

종교에 있어서의 지옥 —.

그것은 죽어서 하늘 나라에 가서 보고 듣고 느끼는 것이 아니라, 현재 우리가 사는 이 자리에 압박과 고난의 장소가 있고 헐벗고 굶주리고 아픔을 가지고 살아가는 사람이 있다면 그곳이 바로 지옥인 것이다.

영어의 'Hell'이라는 단어도 사실은 'Hole'(구멍, 동굴)이라는 말에서 유래한 것이다.

컴컴한 동굴에서 밥도 주지 않고 죽을 때까지 일시키는 장면, 그것이 곧 지옥의 모습일 것이다.

작업환경이 좋지 않은 장소, 쉴 틈을 주지 않는 작업시간, 물론 돈을 벌기 위해 스스로 하는 일이지만 모두 지옥의 모습을 닮아가는 것과 다름 없다.

지옥에 가고자 원하지 않는 이들 종교인들 모두는 지금 이 세상에 살고 있는 동안 남들을 지옥에 몰아넣는 일이 없어야 할 것이다.

자신의 주장을 위해, 자신의 야심을 위해, 자신의 사찰과 교회를 위해 신도를 수단화 하고 재물을 탐하고 선한 사람에게 보이지 않는 정신적 최면으로 불합리한 일을 시키는 사람들, 지옥은 바로 그 사람들의 차지가 된다.

이 세상 이외에 어떤 지옥이 있다고 떠들면서 사람을 어떤 편향된 목적으로 몰고 가는 사람들, 그들이 바로 지옥을 만들고 있는 자들이다.

 천국—천국은 하늘 나라, 곧 착하고 죄없는 사람들이 사는 곳이다. 종교적으로는 이러한 뜻을 가졌지만 어원으로는 무엇을 뜻하는가.

 지옥과 반대되는 장소, 경관이 좋고 지대가 높아 아랫사람들이 보면 구름에 걸린 하늘 아래 집. 그 고대광실이 바로 천국인 것이다.

 천국과 지옥이라는 이분법적(二分法的) 인식을 사람들에게 강요하면서, 천국에서 살고자 하는 그들을 진정 이야기하는 대로 자신을 비롯하여 신도들이 천국에 갈 수 있을까.

 인류는 역사를 통해 실제로 천국과 지옥을 만들어 왔다. 그리고 지금도 우리는 만들고 있다.

 이 세상에 살아있는 동안에도 지옥과 천국을 보면서 살고 있는데 저 세상에 가면 다른게 있을까.

 천국을 외치는 자, 영생을 가지고자 하는 자, 극락을 희구하는 신도님들.

 천국을 만들고자 하면 우선 나의 이웃을 내 몸과 같이 사랑하고, 사람을 하나님처럼 모시고, 제발 신도를 수단화 하지 말고, 인연따라 자비를 베풉시다.

 눈에 보이지 않는 죽은 후의 천국도 중요하지만, 살아 있을 때 천국과 지옥이 실제로 존재하고 있는데도 이를 고치지 않고 노력하지 않고 천국에 갈 수 없는 것이다.

 모두가 서방정토[극락]에 가지 않으면 나도 열반에 들수 없다고 서원(誓願)한 지장보살. 그의 대자대비 큰 서원은 무엇인가.

이제 모든 종교는 신도들을, 추종자들을, 어린 양들을, 큰 이상과 야심 그리고 권력과 재물에 이끌리는 힘없는 무리라고 생각하면 안된다.

그들의 삶이, 정신이 밝고 살아있는 동안 높은 천국이나 고대광실에서는 못산다고 할지라도 밝고 따뜻한 자기 집 한칸에서 사는 작은 기쁨을 존중해 줘야 한다.

21세기 종교의 새로운 모습은 바로 이러한 작은 기쁨들이 모여 큰 기쁨이 되는 대화엄(大華嚴) 세계를 지향해야만 한다.

뉴저지의 겨울(동안거)

겨울이 오고 있다.
옛 도인들은 겨울의 의미를 '감출 장'이라고 칭했다.
만물이 모두 집으로 돌아가 다시 다가오는 봄을 기다리면서 생명의 원기를 감추고 다스리고 있다는 것이다.
뉴저지에 부는 바람에 낙엽들이 떨어져 뒹굴고 있다.
여름날 푸른 하늘 밑에서 눈이 부시도록 흰빛을 반짝이던 포플라잎들도 이제는 색깔이 다른 옷을 입고 가련히 서 있다.
하늘색도 북방의 하늘빛을 닮아 가라앉았으며 길가는 행인들의 발걸음도 바쁘기만 하다.
매년 이맘때면 수행자들은 깊은 산에 있는 절이나 수행도량을 찾아 동안거(冬安居)에 든다.
막된 말이지만, 동안거·하안거 동안에는 밖에 나다니다 맞아 죽어도 동정을 못받는다는 엄청난 관습률이 있다.
추울 때나 더울 때, 한곳에 모여 새로운 수행의 정신을 가다듬고 대중생활을 통해 초발심의 집념을 새기는 불교 관습의 중요성을 강조했기에 나온 말이다. 그러나 이러한 동안거·하안거는 부처님 당시는 조금 다른 의미였다.

겨울이 없는 인도에서는 여름에 오는 스콜성(性)의 강우가 수행자들에게 가장 큰 골치덩이였다.

탁발〔구걸〕을 해서 살아야 했던 인도의 승려들은 죽인 이의 옷을 벗겨 기워입어야 했고, 쉬지 않고 간헐적으로 뿌리는 비는 여러 가지 제약을 가져 오게 하였다.

부처님 당시 나온 율법이 바로 하안거라는 것이다. 비오는 계절 동안은 한곳에 모여 경을 읽고 대중생활을 하며 새로운 에너지를 축적하곤 했던 것이다.

달마선사 — 그가 불교를 인도로부터 중국에 전하면서 또 그 후대를 내려오면서 이러한 하안거 동안거 개념은 조금씩 바뀌기 시작한다.

중국 역법(曆法)에 근거하여 하안거 동안거 기간이 정해지고 또한 하안거·동안거가 진행되는 동안에도 여러 가지 제도가 수행되고 있다.

선방의 스님들은 면벽선정에 들고 강원의 스님들은 능엄·화엄에 걸쳐 그 오묘한 불법의 세계를 파고 든다.

만행 탁발을 통해 묻었던 속세의 때를 벗기고 새로운 불법을 향기 맡는다.

송광사 — 효봉, 구산의 선백이 스며있는 곳. 조계산 정기가 산록을 따라 흐르다 머물러 있는 곳.

나는 수행의 한 때를 그곳에서 보냈다.

구산스님의 가사장삼을 물려 받고 그가 지었던 오도송의 진첩을 물려받았다. 그러나 내가 스님께 물려받았던 가장 중요한 것은 바로 그분께서 추구하고자 했던 금강심 선정의 세계 바로 그것이었다.
 그는 불교의 진수인 선(禪)의 경지를 체득하고 있었을 뿐 아니라 일상생활에 있어서도 소탈하고 벽이 없는 언행으로 사찰에서 일하는 인부는 물론 불교를 잘 모르는 처사, 보살 등에까지 인기가 높았다.
 그가 항상 하시는 말씀 중에 지금도 잊어버리지 않고 있는 것은 '욕심을 버리는 것'이었다.
 '욕심을 버리는 것'
 그는 서방정토 세계를 가더라도, 아니 지금 이 자리가 그 서방정토 세계라도 너와 내가 그 종토에서 머무는 사람이라도 가장 중요한 도덕률은 '욕심을 버리는 것'이라고 말씀하셨다.
 인간이 가지고 있는 욕심, 이것이 자신만을 위한다거나 또는 남을 위해서만 작동할 때 인간의 삶은 평형을 잃는다. 이기주의가 되고 또는 남을 자기화 시키는 두가지 우를 범하게 된다.

 자리리타의 화엄정사.
 자등명타등명의 불교이념.

 오늘날 우리에게 있어 욕심을 버리는 것은 무엇을 의미하며 또한 그 욕심을 버리고 나타나는 현세정토의 모습을 우리는 어떻게 조직화 시킬 것인가.
 그리고 또한 그 조직화 과정을 통해 불교를 믿고 따르는 부처의 빛나는 정신을 흠모하는 신도들을 우리는 어떻게 존중하고 또한 그들의 삶을 바른 방향으로 유도할 것인가?

아니 솔직히 말해 유도는 고사하고 그들의 눈을 똑바로 쳐다보고 내 자신은 부끄럽지 않은 사람이라고 자신있게 이야기할 수 있는가.

뉴저지의 겨울 — 나는 초발심, 출세간의 마음을 굳혔던 그 조계산에서나 또 멀리 떨어진 뉴저지에서도 그 마음을 갈고 닦는 수행자의 모습은 변함이 없다는 것을 느낀다.

나는 요새 목숨을 가지고 바로 서려면, 세상에서 무엇인가 남기고 가려면, 무엇보다도 더 혹독한 자기 공부가 필요하다는 것을 절감하고 있다.

불교의 현실화 추구

　겨울이 다가오고 있다. 뉴저지의 넓은 벌판에도 북구의 냉풍이 불어오고 있다.
　해가 짧아지고 낮아졌을 뿐 아니라 새벽녘에 아침 오는 소리가 냉랭하다.
　거리마다 낙엽이 쌓여 있으며 그 낙엽색깔이 저채도의 바랜 색이어서 더욱 겨울이 다가옴을 느끼게 한다. 가끔 하늘을 보고 있자면 며칠 전보다 훨씬 하늘색이 달라져 보인다.
　게다가 남쪽에서 북쪽으로 선을 긋는 철새의 모습이 보이고 있다. 그들의 소리 또한 겨울을 느끼기에 충분하다.
　불교를 독실하게 신봉했던 조선조의 세종대왕—그는 지혜와 창조력으로 한글을 창제했을 뿐 아니라 그 한글로 붓다의 생각과 실천윤리를 서민들이 알기쉽게 옮겨 놓는 작업을 했다.
　그가 간행했던 《월인천강지곡》 언해본과 석보상절 등 수많은 불교 간행물들은 현재까지도 중세 불교와 한글의 현주소를 알게 하는 귀중한 자료가 되고 있다.
　미래를 내다봤던 세종의 영민한 눈—.

역대 왕의 언행을 기록했던 《이조실록》에 나타난 세종의 인품은 한마디로 자비행의 실천을 보여 주는 바가 있다.

그는 위로 두 형들을 뛰어넘고 왕위에 오른 후 형제들을 감화시키는 인품으로 그들을 따르게 만들었을 뿐 아니라 수시로 서민들의 생활 모습을 살피기 위해 야행과 잠행을 일삼았다.

— 북풍이 불어오는 동지섯달. 세상이 얼어붙은 듯하다. 산간초목 백수만화가 자취를 감추고 있는데 저녁이 와도 인가에는 밥짓는 연기가 나지 않는다.

마을 입구에는 얼어죽은 백성들의 시체가 나뒹굴고 있고 다리 밑에 죽어가는 백성들의 소리가 찬바람에 실리고 있다.

지난 여름 휩쓴 열병으로 죽어나간 백성이 몇 명이며, 이 겨울 추위를 이기지 못하고 땔 나무와 먹을 것이 없어 죽어가는 이 또한 몇 명인가—.

그가 시정을 살피면서 보고 겪었던 백성들의 삶의 모습을 묘사한 대목이다.

그가 왕위에 있을 때 시도했던 전제의 개편, 납세제도 개혁, 서민경제의 중흥, 한글의 창제, 인재의 중용 등은 그가 가지고 있는 휴머니즘에 근거하여 추진된 것이다.

당시 서민들의 보편적인 신앙이었던 불교가 어려운 한자에서 한글로 언해되고 있다는 혁명적인 사실도 바로 삶의 현장에서 그가 습득했던 현실 개혁과 삶의 의지가 반영돼 나온 것이다.

불교가 가지고 있는 현실 개혁의지.

성불도 있어야 하고 승려도 있어야 하고 사찰도 있어야 하고 더 나아가 붓다도 있어야만 성립할 수 있는 불교, 그러나 과연 살아있는 신도들의 정신세계와 물질세계를 지극히 낙후시키는 현실이 존재할 때 그 불교의 위력은 감퇴된다.

불교가 이상향만을 추구하고 관념화 된 허상만을 쫓을 때 불교는 사치화 되고 형식화 되고 만다. 고려의 불교가 그랬으며 역대 중국의 왕조 변천 말기에 반드시 이러한 현상이 수반되고 있다.

덥기만 했던 인도·네팔 등지, 그곳은 붓다가 태어나 처음으로 설법을 하고 그의 종교를 폈던 곳이다.

성인이 되면 종교를 위해 출가를 하고 탁발을 해야 했던 힌두교의 전통에 따라 불교도 비슷한 종교제도를 갖추게 된다.

탁발을 기정 사실화 시키고 승려를 특별한 존재로 만들었으며 보시행의 의미를 극대화 시킨다.

이것은 중앙아시아와 중국을 거쳐 한국에 들어올 때까지 그 인도적 종교제도의 냄새는 쉽게 가시지 않는다. 그러나 지금 뉴욕에서 우리는 그러한 종교제도를 고집해야 할까.

수행자가 아침 일찍 탁발을 하고 시체를 쌌던 옷감으로 가사 장삼을 해 입고 여름이면 안거에 들고 승려가 특별한 존재로 신도 위에 군림하고 보시한 신도들에게만 복을 주도록 기도하고 어려운 한자로 된 불경을 읽고 만족해야 할까.

세종이 도탄에 빠진 백성을 위해 불교경전을 한글로 새로운 제도를 만들었던 역사적 사실을 반추하면서 이 시간, 이 시대, 이 장소에서 우리는 진정 인간들을 향해 불교가 자신있게 외칠 수 있는 바가 무엇인가를 생각해 본다. 불교는 이제 승려의 특별한 위치를, 신도들의 맹목적 추종신앙을, 현대에 수렴되지 않는 경제제도와 체제를 극복할 때가 되었다.

일체중생은 평등

　세상은 온통 욕망으로 뒤덮혀 있고, 끝을 모르는 파국을 향해 치닫고 있다.
　작게는 개인에서부터 크게는 국가에 이르기까지 극단적인 이기주의가 지배원리가 되어 모든 체제 인간을 만들어 가고 있다.
　개인은 개인대로 자신의 삶을 위하여 노력하고 댓가를 받는 성실함 이외에도 남을 짓밟고 울리고 속이고 하는 형태가 당연한 것처럼 만연하고 있다.
　개인이 모인 사회는 사회대로 질서와 평화를 잃고 휩쓸려 가고 있다.
　지배층은 지배층이 가져야 하는 정당한 책임과 도덕성을 잃어버리고 집단 이기주의와 파당의 이익을 위해 공정치 못한 일도 서슴없이 저지른다.
　그 뿐인가. 국가는 국가대로 국가 이기주의에 의해 약소국가를 강대국이 침략하는 일이 어쩔 수 없이 묵과되고 있다. 그것도 민족주의 국가주의라는 커다란 명분 앞에 모든 이성적 판단이 거부당하고 있다.

적자생존과 선택적 진화라는 기본율로 진행되고 있는 자본주의 윤리. 그곳에서 손쉽게 자라날 수 있는 개인적, 집단적, 국가적 이기주의.

21세기 인류는 어디를 향해 가는가. 그리고 우리는 그러한 불균등한 정의와 모순을 어떻게 보고 또한 그를 극복해야 하는가.

세상의 만물은 기본적인 두개의 상관성 있는 요소로 구성되어 있다.

과거 우리의 선조들은 세계를 음양(陰陽)의 2개항으로 해석, 인간과 자연을 체계화 시켰다.

남자와 여자, 하늘과 땅, 과거와 미래, 몸과 마음, 나와 너. 그러나 불행히도 20세기 말 우리의 역사는 세계와 인간을 구성하는 상보적인 두개의 요소가 서로 상충하고 지배하는 지배구조 속에서 멍들고 쇠락해 가고 있다.

어디로 갈 것인가. 인류 역사를 현재까지 이끌어 온 서구의 변증법적 인류 발전법칙을 따라 인류가 마냥 내면적 쇠락의 길을 걸을 것인가. 아니면 진정한 혁명, 새로운 내적 혁명을 통해 새롭게 후세를 열어 갈 것인가?

인류역사 5천년, 인간을 계몽하고 지도했던 우리의 훌륭한 성현들— 석가·예수·공자 등 모든 이들이 가르킨 가장 기본적인 인간의 도덕률은 무엇인가?

그것은 바로 욕심을 버리는 것, 사랑하는 것, 자기를 제대로 아는 것 등 가장 기본적인 상식에 속하는 것이었다.

상식은 복잡한 이론보다 높은 차원의 진리를 함축하고 있는 경우가 많다.

성현들이 가르쳐 온 진리가 왜 2천년, 3천년이 지나도록 인계세계를 인화세계로 만들지 못하고 아직도 도탄의 세계에 머물게 하는가.

기본적으로 인간이 가지고 있는 생명체로서의 기본 질서에 반대되는 보다 선한 도덕률을 성현들의 가르침은 지적하고 있기 때문이다.

인간은 한 집단의 이념에, 특정 이데올로기에, 종교적 신앙에 의해 새로운 삶을 열어나가고 또한 새로운 역사를 만들 수 있다.

그러나 그 모든 변화의 동기에서 자신의 사사로운 욕심을 위해 신을, 성현을, 도덕을, 윤리를 이용하고, 더 나아가서 다른 이웃을 자기화 시켜 자신의 말로 사람을 속여 그 무엇인가를 만들려고 한다면 그 어떤 동기도 좌절될 수 밖에 없다.

청정무구한 우리들의 마음 속에 타오르는 등불이 삼라만상을 밝게 비추면 칠흑같은 어둠은 사라지고 환희의 세계가 열리게 된다.

부처님도 중생으로 와서 부처되셨으니 일체중생은 평등하고 존귀한 것이다.

허망한 꿈속에 꿈틀거리는 개체의 욕망과 거짓의 먼지를 털어버리고 너와 내가 형제가 되어 잘난 사람도 못난 사람도 재물있는 자도 없는 자도 하나가 되어 광명세계를 살아가자.

바보 철학

뉴욕은 모든 면에서 세계 제1을 자랑한다.
경제를 생각하면 세계의 중심인 월스트리트가 맨하턴 남쪽에 자리잡고 있고, 정치를 말할 때면 UN본부가 뉴욕 동쪽을 바라보며 큰 위용으로 서있다.
그것뿐인가. 브로드웨이의 뮤지컬 무대는 늘 세계 연극무용인이 그리는 꿈의 무대가 되어 왔으며 음악, 미술을 전공하는 분들 모두에게도 메트로의 웅장한 미술관, 뮤직홀은 인생을 통해 한번쯤 서 보고 싶은 곳이다.
결국 뉴욕은 세계의 중심으로서, 세계 제일의 도시로서 끝없는 정보와 사건 속에서 급격하게 돌아가고 있는 것이다.
이것은 뉴욕이 가진 세계 제일의 성격 때문인가.
오가며 만나고 종교적 문제로 찾아오고 미래의 삶과 지난 과거의 풀지 못한 억압 등으로 나를 찾는 많은 사람들이 모두 이러한 세계 제1병에 걸려 있는 수가 많다.
강박관념의 일종이라고 볼 수 밖에 없는 이 현상은 누구보다 돈 많이 벌고 누구보다 출세하고 누구보다 아들 딸 좋은 대학

보내고 누구보다 사회적으로 인정받고자 하는 강한 욕구가 만들어 내고 있는 것이다.

결국 외면적인 세계 제1의 추구가 결과적으로는 내면의 인간 질서를 파괴하며 한 사람 한 사람을 불행으로 몰고가는 있는 것이다. 그러나 과연 진정한 의미의 세계 제1은 무엇인가.

한 사람이 이 험한 세상사를 살아나가는데 있어 발견할 수 있는 소위 '제1의철학' 그것은 어디 있는가. 지혜있는 자들은 이렇게 말한다.

인생에 있어서 가장 큰 제1의 발견은 '은혜'의 발견이며, 인간 개발의 제1은 자기 자신의 '심정'을 개발하는 것이다.

생활의 제1은 '감사이며', 기쁨의 제1은 '믿음'이다.

이익의 가장 큰 기쁨은 '건강'이며, 승리한다는 것의 궁극은 바로 '자기를 이기는 것'이다.

진정 힘이 세다는 것은 '욕심을 인내'하는 것이며, 복이라는 것도 '인연있는 사람을 만나는' 작은 기쁨에서부터 출발하는 것이다.

돈이 많다는 것은 무엇인가. 바로 '만족함을 아는 것'이며 소유를 세계 제1로 하려면 진정 '남을 위해 주는 것'의 가치를 알아야 하는 것이다.

'멋'에서 세계 제1이 되려면 '양심에 부끄러움이 없는 평화'를 찾아야 하며 밝은 귀, 밝은 입은 바로 자신의 허물을 듣고 말할줄 아는 용기를 지닐 수 있을 때 가능한 것이다.

뉴욕에서 인정받으면 세계에서 인정받는 것이다.

경제·정치·사회·문화·체육 등 교포사회 전반을 구성하

고 있는 각 분야의 한국인들은 이러한 명제를 누구나 굳게 믿고 정신없이 뛰고 있다.

그러나 인간에게 있어서 행복과 성취란 그렇게 직선적으로, 산술적으로 단지 양의 문제로만 해결되는 것은 아니다.

인간이 가질 수 있는 평화와 삶의 의의는 오히려 작은 기쁨과 행복, 그리고 자신을 양보하면서 남을 인정해 주는 '바보의 철학'에서 탄생하는 수가 많은 것이다.

세계 제1을 향해 달려가다 브레이크가 걸린 교포들을 보면 대부분 자신이 가지고 있는 삶의 긍정적 부분을 그냥 지나쳐버리고 오히려 없는 부분, 모자라는 부분만을 확대해 자신을 파악하고 있기 때문이다.

마천루가 끝없이 솟아있는 뉴욕, 세계의 중심은 뉴욕, 그곳에서 세계 제1이 되려고 하는 한국인들.

진정 오늘 우리에게 필요한 것은, 그리고 진정한 의미의 세계 제1이 되려면 한 순간 여유를 가지고 자신과 자신의 주변을 돌아 볼 수 있어야만 될 것이다.

한많은 영혼

몇일 전에 구명시식을 했다. 불교의식에 있어서 가장 중요하고 또한 힘이 드는 의식이다.

식을 집전하는 승려나 그 식의 대상인 영혼 또한 치열하게 어느 한 목적을 향해 많은 노력을 해야만 효과를 볼 수 있는 의식이다.

밤을 세워 행해진 이 의식은 한 신도의 죽은 가족을 위해서 이루어졌는데 의식의 집전 도중, 죽은 가족 곧 신도의 여동생 영혼이 나타났다.

그 동생은 지난해 의문의 사고로 죽음을 당했는데 그때까지 만해도 죽음의 원인은 확실하게 밝혀지지 않고 있었으며 동생의 죽음에 뒤이어 동생의 남편도 자살을 했기 때문에 현재까지도 조카들을 비롯한 전체 가족들에게 큰 충격으로 자리잡고 있었다.

그러나 구명시식의 집전 도중 그 여동생은 한을 갖고 죽은 비참한 영혼의 모습을 가지고 현신을 했다.

그녀는 자신의 죽음을 이야기하면서 자기는 남편의 청부살인으로 죽음을 당했으며 그 이유는 애정이 식은 것과 함께 자신의 명의로 된 막대한 재산을 뺏기 위해서라고 말하고 있다.
 당시 그 남편은 다른 여자와 작은집 살림을 차리고 있었으며 매일 계속되는 부부싸움과 갈등은 쌍방간에 극도의 불신과 증오를 만들어 왔다고 그는 호소하고 있었다.
 결국 그 영혼의 한을 풀어주기 위해서는 남편의 영혼을 부를 수 밖에 없었다. 그러나 그 남편의 영혼 역시 한을 가지고 죽은 영혼의 모습으로 나타났다.
 그리고 그는 이렇게 알렸다. 나는 그녀를 죽인 것을 괴로워하다가 결국 죽음을 택했다고.
 아니나 다를까. 그 부부는 결혼후 10여년간 어느 누구보다도 행복하게 지냈으며 결혼 전에 연애할 때도 주위의 부러움을 살 정도로 소위 잘 맞는 한 쌍이었다.
 결국 그 남편과 부인의 한을 풀어 주기 위해 그 영혼들을 천도하기 위해 함께 있게 하자, 여자는 그 남자에 대한 증오를 풀지 않고 현상세계에서와 같이 남편에게 욕을 하고 대들고 하는 소위 한풀이를 하는 것이었다.
 남편은 자신의 잘못을 뉘우치고 또한 그 때문에 내가 자살을 했으니 이제 앞으로는 다시 옛날과 같이 사이좋게 지내자고 애원하고 있으나 막무가내였다.
 결국 각고의 집중력과 새벽이 될 때까지의 독경 기도 끝에 그 영혼들을 달래 천도했으나 그러기까지 의식을 집전한 본인 자신이 겪었던 정신적 에너지 소모는 너무나 큰 것이었다.
 한많은 영혼과 마주해 이들을 빛나는 영계로 천도코자 할 때는 많은 어려움이 뒤따른다.

 내 자신의 경험으로 볼때, 특히 한국사람 중에는 한을 가지고 죽은 사람들이 많아 구명시식에 있어 많은 어려움이 뒤따르고 있다.

 이것은 미국인들의 영혼과 많은 차이점을 가지고 있다. 미국의 영들은 대부분 한을 가지고 죽었어도 그 한의 대상을 대부분 용서하고, 다시 화해를 한다. 그들의 영혼은 현실 세계에 사는 사람들처럼 현실적이다.

 천도할 때 쌓였던 한을 풀기가 힘든 사람들, 특히 조상의 한과 현생의 자신이 가진 한을 함께 가진 한국 사람의 영혼을 천도코자 할 때는 특히 힘든 과정을 거쳐야 한다.

 인간이 현생에서 큰 원한을 가지고 살다가 죽으면 그 영혼마저도 좋은 영계에서 자리를 잡을 수 없다.

종교의 진정한 가치는?

　최근 일부 신흥 종교들은 가입하는 신도들의 재산과 가정을 착취, 파괴, 황폐화 시키고 있다는 소식이 매스컴에 심심찮게 나오고 있다.
　급속도로 세력을 넓혀가고 있는 일부 신흥종교들은 소위 말세론과 휴거 등을 주장하며, 계층, 신분을 막론하고 누구든지, 어디든지 전도의 대상으로 삼고 있다.
　어느 종교든지간에 그 교단의 핵심세력이나 또는 열성적인 추종자들이 가지고 있는 신념체계, 조직형태에 대해 일반인들 어느 누구도 간섭할 수는 없다.
　현재 우리가 살고있는 이 땅이 종교의 자유를 인정하고 또한 신학적으로, 종교적으로 타종교의 권위와 존재 가치를 인정하는 다원주의가 인정받고 있다.
　20세기의 많은 종교학자들은 인류가 21세기를 앞두고 자신들이 이룩한 경제·정치·사회·문화 등의 민주화 업적에 힘입어 종교에서도 민주적인 요소가 많이 나타나고 있다고 말한다.

기독교에서는 평신도들의 목소리가 커졌는가 하면, 가톨릭에서도 경제적 입장을 중시하는 부분이지만 교회 조직과 사제의 권위보다 교단의 중추세력인 신도들의 정치·경제·사회적 입장 향상을 중요시하는 움직임도 구체화 되고 있다.

불교도 최근 일부 정치 승려들의 이권다툼과 감투싸움이 일반의 비난을 사면서, 일반 불교도들의 건전한 상식과 조직경험을 교단행정에 반영시키려는 움직임이 일고 있으며 이에 대한 승려 불자간에 찬반 논쟁이 있으나 대체적으로 찬성 쪽으로 의견이 모아지고 있다. 그러나 세간의 비난을 받는 일부 신흥종교들은 기존 종교들이 시대의 흐름에 맞춰 여러 방면에서 민주적 제도개선의 노력을 하고 있는데 반해 오히려 반시대적, 반민주적 종교행위를 관행화 시키고 있기 때문에 문제가 되어 있는 것이다.

본국의 언론이나 방송에서 쉽게 발견되는 뉴스 중에는 파행적인 종교 행위로 인한 가정 파괴, 더 나아가서는 존속간의 살인, 한 가정의 경제적 붕괴, 반사회적 행위 자행 등의 내용이 나타나고 있으니 심한 경우에는 돈을 둘러싼 조직원들의 비리 등으로 수십명씩 생목숨을 잃는 비극까지 발생하고 있다.

어떤 종교, 어떤 이념이든지 민주적인 사회를 지향하는 현대에서는 부당하게 박해를 받거나 제재를 받을 수 없다.

그러나 중요한 것은 어떠한 종교라도 민주사회에서 충분히 공감할 수 없는 독선적 종교 행위가 지속되고 또한 그로 인한 피해가 발생한다면 그 종교는 마땅히 사회적 심판을 받을 수밖에 없다.

'혹세무민'이라는 어마어마한 단죄를 내리지 않더라도 사회적 공익과 전도 등을 내세워 특히 가정을 파괴하는 등 인류에 역행하는 종교 행위는 상식과 양심을 가진 일반인들의 연대로서 이를 저지해야 한다.

역사상 수많은 종교가 사교로서 취급받고 종교사에 그 추한 말로를 기록해 놓고 있다.

기독교나 불교 등에서만 이러한 사교가 존재했던 것은 아니다. 반사회적 사교는 한국 종교사에서도 쉽게 발견할 수 있으며 멀리는 수백명의 목숨을 앗아갔던 백백교 등이 있었고 최근까지도 수십개, 수백여개가 아직까지 활동하고 있는 것으로 종교학자들은 말하고 있다.

종교는 인간이 가진 가치를 고양시키고 이를 통해 생명이 가진 참 가치를 실현케 하는 것이다. 종교는 결코 어떤 이상을 향해 인간 개개인을 수단화 하거나 대상화 해서는 그 존재 가치를 인정받을 수 없다.

최근 사회적으로 비난받고 있는 일부 신흥종교들이 사교 취급을 받고 반대를 받는 것은 바로 이러한 종교가 갖는 진정한 가치와 기능 등에 대한 책임감이 없었기 때문이다.

개개인의 삶을 짓밟고 가정을 파괴하며 사회를 부정하면서 그 위에 서게 되는 천국이 있겠는가. 구원이 그 위에 있겠는가?

소년의 웃음

지난주 LA를 다녀 왔다.

4·29 흑인 폭동의 그늘이 가시지 않은 LA는 모든 사람들을 우울하게 했다.

재산 피해를 당한 한인들이나 피해를 입혔던 흑인, 스패니쉬계 주민, 그리고 사후처리를 하는 경찰, 행정 당국자들도 한결같이 웃음을 잃은 모습들이었다.

특히 한국인 이민사 1백여년 동안 피땀으로 이룩한 터전, 그 꿈의 터전을 하루 아침에 잃어버린 동포들을 보면서 비참한 심정을 느낀 것은 비단 나 하나뿐은 아니었을 것이다.

이번 LA여행이 '법회를 통한 부처님들의 펼침'이라는 큰 목적이 있었지만 돌아와서 생각나는 것은 LA 사태를 직접 보고 체험하면서 느꼈던 것들 뿐이다.

다행이었던 것은 수행자가 되기로 결심을 하고 나섰을 때부터 와보고 싶었던 요가난다 수도원을 방문한 것이었다.

인도가 낳은 현대의 성자라고 평가받는 요가난다는 지난 60년대말 히피문화가 미국을 휩쓸기 시작할 때부터 종교·철학·사상·문화·예술 등의 관계자들로부터 비상한 관심을 모았던 요기(Yogi)였다.

그의 사후 추종자들은 LA에 큰 정원을 갖춘 장원을 만들고 그의 뜻과 얼을 기리며 수도생활을 했었다.

그는 히말라야, 곧 부처님께서 공부하셨던 설산에서 전생에서 예정했던 스승을 만나 법을 전해 받는다.

그후, 그는 인간의 영혼이 가진 순수성과 아름다움이 천하 우주 만물중 가장 먼저라는 말씀을 전하며 그의 뜻을 펴게 된다.

인간의 가치, 본질적인 생명의 참 가치를 주장한 그의 종교적 신념은 당시 정신적 지표를 찾지 못해 방황하던 미국 청년 세대들에게 큰 감동을 주게 된다.

비교적 가르침의 연장인 것도 같은 그의 사상은 히피문화가 숨을 죽이던 80년대 초반까지도 동양종교 선풍을 일으키며 일반에게 알려졌다.

이번 LA에서 방문한 요가난다 아쉬람은 바로 그 요가난다 철학의 총본산이자 사후 그의 정신세계를 흠모하는 제자, 신도들의 수행장이 되고 있다.

사원은 자연적인 경관 속에 펼쳐져 있으며 부분 부분에 설치된 건축물들과 조경들이 아름다운 조화를 이루고 있는 곳이다.

사원 전체가 자연의 신비를 드러내는 듯 꽃과 새가 분방하게 피고, 놀고 있으며 참배객들을 맞는 수행자들의 웃음도 티 없이 맑고 깨끗했다.

지금도 생각나는 것은 요가난다의 기념관을 들어서면서 만났던 한 소년의 웃음이었다.

흡사 지장보살을 연상하듯 자못 무거운 얼굴이었지만 그가 지어보였던 한 순간의 웃음은 기념관에 발을 들여놓은 그 순간 이후 현재까지도 기억되고 있다.

돌아오는 비행기에서 수많은 생각을 하게 됐다. 이번 LA 사태로 피해를 당한 한인 교포들 중 가깝게 지낸 신도분들도 있다.

비극의 현장을 떠나오면서 느낀 것은 이러한 문제의 해결이 단지 행정적이고 법제도적인 차원의 것이 아니라고 하는 확신이었다.

왜 수많은 법과 제도가 존재하고 있는 현실 세상인데도 많은 사람들이 피해를 당하고 슬픔을 겪어야 하는가?

허드슨강과 뉴욕을 비행기에서 내려다 보면서 내가 느낀 것은 인간의 생명이 가진 참가치, 인간의 생명이 가진 아름다움을 짐작할 수 있는 새로운 삶의 틀이 이제 인류 역사 위에 새롭게 마련돼야만 한다는 확신이었다.

8정도(政道)의 참뜻

　녹음이 짙어지고 있다. 뉴저지 벌판에서 불어오는 바람이 남쪽바다의 물기를 머금고 있다. 길가의 가로수도 한줄기 소나기를 기다리는 듯 더위에 한풀 꺾인 모습을 하고 있다.
　바람은 어디서 오면 어디로 불어가는 것인가. 그리고 시시때때로 인간과 만물의 모습을 변화시키며 진행되는 계절의 윤회는 어디서 기인하는 것인가?
　젊은 날 수행의 한 시기를 보냈던 송광사. 그 조계산의 품안에 자리잡은 수행도량에도 어김없이 무더위가 찾아오곤 했다.
　초여름 석탄일을 보내고 시작됐던 하안거. 그 하안거를 송광사에서 지내면서 더위를 잊고 정진했던 기억들이 아직도 생생하다.
　한국 선종(禪宗)의 전통적인 선맥을 잇고 있는 곳. 그렇기 때문에 눈푸른 수좌들의 화두수행은 무더위를 이길만큼 열기가 높았다.
　아침 저녁 사자루 옆 종고루에서 울리던 대고 소리. 그리고 향을 사르고 예불을 드리며 올렸던 반야심경의 합창들.

점심공양〔사시공양〕을 올린 후 큰방에 들기 위해 방장스님을 선두로 대웅전 문을 나서던 기억들. 그러나 그 더운 여름의 기억과 함께 생각나는 것은 천일기도를 드리던 한 스님의 맑고 담담한 눈동자였다.

그때 송광사는 과거의 대찰 모습을 찾기 위해 각종 불사를 준비하고 있었다. 오래된 건물을 고치고 새로운 사찰 건물을 짓기 위해 노력하면서 천일기도를 정진, 관음전에서 3년에 가깝게 매일 예배를 올렸다.

지금은 이름을 기억할 수 없지만 두꺼운 안경을 쓴 학과 같은 모습을 한 스님이었는데 입산한 지 10년이 넘도록 산문 밖을 나가지 않았다는 수행에의 집념이 높은 스님이었다.

그러나 많은 선방수좌들과 학승들〔계를 받은 후 3, 4년간 강원에서 경을 공부하는 젊은 스님〕은 관음전 스님에 대해 큰 의미를 두지 않았던 것같다〔개인적인 생각이지만〕. 그러나 사찰의 최고 어른인 방장스님은 가사장삼을 입고 한번씩 내려오는 날 가끔 그 스님을 마주치면 다른 곳에서는 찾아볼 수 없는 큰절을 공손하게 드리곤 했다.

당시 나는 왜 방장스님이 한참이나 서열이 낮은 천일기도 주재 스님에게 큰 절을 올리고 두 손을 모으고 하는 것일까 의아한 마음을 가졌었다. 그러나 지금 생각하면 방장스님께서는 관음전 천일기도 스님께 기도드린 이유가 물리적이고 눈에 보이는 것만은 아니었던 것 같다.

관음전 스님은 당시 기도를 진행하면서 많은 영혼들의 선한 도움을 받고 있었던 것 같다.

전생의 죄를 짓고 구천을 떠도는 영혼, 억울하고 이루지 못한 전생의 업을 등에 지고 황천에 가지 못했던 영혼들이 그 스님을 통해 선한 업을 보상받기 위해 눈에 보이지 않는 힘을 작용하고 있었다.
 방장스님께서 관음전 천일기도 스님께 큰 절을 하며 공손히 모신 것도 당시 기도처를 중심으로 현생의 선한 업을 구축하려는 영혼들의 움직임을 보고 있지 않았었나 하는 생각을 해본다. 인간은 누구나 선조들의 영혼, 그리고 더 나아가서는 자신과 기준을 맞출 수 있는 영혼들과 깊은 대화를 나누고 있다.
 생물학적으로 유전정보(遺傳情報)라고 일컬어지는 한 개인의 습관과 성격은 인간이 선조로부터 물려받는 영혼의 씨, 그것의 물질적인 부분을 지적하고 있는 말이다. 한 인간의 삶은 결코 자신의 독단적인 삶에서 그치는 것이 아니다.
 나를 통해 새로운 업을 짓고 영혼의 안식을 가지려는 조상들의 뜻과 또한 개인을 통해 인간세상에 선한 일을 행하고자 하는 주인없는 영혼들이 부단히 나의 영적인 세계와 교감하고 있다. 우리들 스스로가 평소 바른 생각〔정사〕, 바른 말〔정언〕, 바른 뜻〔정의〕 등 정도를 지켜야 할 이유가 바로 여기에 있다.
 '대도무문(大道無明)'이란 흔한 이야기도 있다. 정치가들이 가끔 배짱있게 내치는 이야기지만 세상의 원리를 지적하는 말이기도 하다. 바른 생각을 가지고 바르게 사는 사람은 반드시 그 선한 업에 대한 보상을 받고 그 자신의 존재가 끝난 뒤에도 보이지 않는 영혼의 세계를 통해서 평화와 안식을 가질 수 있다. 세상은 그만큼 공평한 것이다. 〈제7권에서 계속〉

이 책을 펼치는 순간 당신의 운명은 바뀐다!!

세계적인 심령능력가 안동민/저

업장소멸 〈전6권〉

전생과이승에서의업장을어떻게풀것인가?
이런 사람들은 지금 운명을 바꿔라

왜 돈많은 집에 태어나는 사람도 있는데, 그렇게 노력해도 가난에서 헤어나지 못하는가?

왜 세상에는 성공하는 사람, 실패하는 사람이 따로 있는가?

왜 남들은 결혼하여 행복을 누리는데 왜 나는 출산을 못하는가?

왜 평생 병이라는 것을 모르는 사람이 있는데 왜 나는 온갖 병을 짊어지고 살아야 하는가?

왜 남들은 일류대학이나 직장을 가는데 왜 나는 낙방만 하는가?

⇨ 이책은 당신은 누구인가? 또 사후에는 저승에서 무엇으로 환생할 것인가에 대한 끝없는 의문을 명쾌하게 풀어준다.
⇨ 최초로 공개되는 저승에서 보내온 S그룹 회장의 메시지!
⇨ 심령학자가 본 '화성연쇄살인사건'과 '미국판 화성연쇄살인사건'의 진상과 그 범인은 누구인가?

사업을 성공시키는 비법, 라이벌이나 원수를 주술로서 제거시키는 비법공개!

〈전6권〉
① 심령문답편
② 업장소멸편
③ 악령의 세계편
④ 원혼의 세계편
⑤ 비전의 주술편
⑥ 업장완결편

완간

전국 유명서점에 있습니다.

서음출판사

마지막 가는 길목에서 그들은 하늘을 보고 땅을 본다.
세상을 경이와 공포의 도가니 속으로 몰아 넣었던
신문 제3면의 히로인들 - 말만 들어도 무시무시한
흉악범들, 그들에게도 눈물이 있었고 가슴저미는 통회가
있었다. 주어진 생을 채 마치지도 못하고
떠야야 했던 8인의 사형수 - 그들의 최후가 공개!

베일속에 가려진 사형장의 전모가 전격공개! 원색화보 특별수록

정가 8,500원
전국유명서점

"한번 해병은 영원한 해병"

지옥전선 - 월남전쟁터에서 부른
청룡 용사들의 마지막 노래

실록 청룡부대

李光熙/編著

실종되어 버린
월남전쟁에서 참담
하게 허물어져간 젊은
육체와 영혼들의
이야기!

제1부 전선수기
제2부 전선의 시
제3부 전쟁속의 이용사이더

바로 이것은 우리들의 이야기이다
삶과 죽음의 수레바퀴속에서 용사들이
쓴 전선의 시와 전선수기 130편 수록!

월남전 전투사진 화보수록

현역, 예비역 단체주문 환영
전국 유명서점 공급중
464쪽/

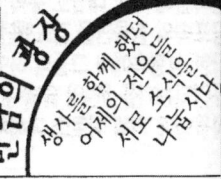

이것이 바로 정치군인들에 의해 무참하게 판매 금지 당했던 문제의 그 소설이다!

한 시대의 증언자
정을병 문학의 대표작

한국판 수용소군도, 그 기막힌 이야기들

개새끼들

상 하

우리는 그들을 어떻게 심판할 것인가?

이 작품 〈개새끼들〉은 '개새끼'로서 취급을 받아도 좋을 사람들을 욕하기 위해서 쓰여진 작품이다. 우리 사회에는 언제부터인가 '개새끼' 같은 더러운 짓만을 골라 하는 속물적 인간들이 너무나 많다. 그들에게는 어떤 체면이나 국가의식 같은 것은 전혀 찾아볼 수 없으며, 다만 철저하게 무장된 몰염치한 근성만을 발견할 수 있을 따름이다.

이 땅에도 소련과 같은 수용소군도가 있었던 사실을 당신은 아십니까? 그것이 바로 악명높았던 국토건설단과 삼청교육대, 반체제 인사들을 강제 연행, 차마 인간으로서는 상상조차 할 수 없는 고통과 공포의 도가니로 몰아넣었던 인간도살장이다!

총검으로 자신의 부패를 가리며 민중에 대한 대량학살과 반체제 인사들에 대한 대규모 투옥, 안정속의 개혁이라는 간판 밑에 공포속의 침묵만을 강요했던 전두환 정권 — 그 암울했던 극한 상황속에서 그들의 하수인들에 의해 자유가 어떻게 유린되는가를 5인의 솔제니친 중 한명이었던 저항작가 정을병에 의해 비로소 파헤쳐진 한국판 수용소군도 그 실체!

개정판 발행 | 2019년 10월 31일

발행처 | 서음미디어(출판)
등록 | 2009. 3. 15 No 7-0851
서울시 동대문구 난계로 28길 69-4

Tel (02)2253-5292
Fax (02)2253-5295

저자 | 차길진
기획·편집인 | 이광희
발행인 | 이관희

본문편집 | 은종기획
표지일러스트 | KAOS

M. sseoeum@hanmail.net

이 책은 저작권법에 의해 보호를 받는 책이므로
무단전제나 복제를 금합니다.
ⓒ seoeum